Conserje C. P./
Conserje C. P. correturnos

AYUNTAMIENTO DE ALCORCÓN

Accede a tu **Curso MAD360** y disfruta de los siguientes recursos:

- Técnicas de Memoria 360.
- MADTEST: Test nivel PRO.
- Temario en formato digital.
- Planificación de estudio.
- Foro entre opositores hasta la fecha del examen.
- Recursos y novedades exclusivas.
- Consulta sobre la oposición y el proceso selectivo.
- Actualizaciones legislativas (Boletines Oficiales) hasta 60 días antes de la fecha del examen.*

AF212297

Para acceder al Curso MAD360** será necesaria la compra de todos los libros para esta especialidad de la edición 2024.

Valida los códigos que encuentras en la última página de tus libros y disfruta de la experiencia MAD360.

Infórmate en: mad.es/registro-campus

NOTA IMPORTANTE:

* Examen de esta categoría profesional correspondiente a la convocatoria publicada en el BOCM n.º 276, de 19 de noviembre de 2024, o hasta el 31 de enero de 2026, lo que se cumpla antes.

** El acceso al CURSO MAD360 estará disponible desde enero de 2025 (algunos recursos podrían estar disponibles en fecha posterior). Tendrá una duración de 365 días, desde la validación de códigos, o hasta el 31 de julio del 2026, lo que se cumpla antes.

MAD se reserva el derecho a ampliar dichas fechas.

Conserje C.P./Conserje C.P. correturnos del Ayuntamiento de Alcorcón

Diciembre, 2024

Conserje C.P./Conserje C.P. correturnos del Ayuntamiento de Alcorcón

Test del temario

Autores

TERESA MARÍA TORRES FONSECA
Licenciada en Derecho

FRANCISCO ALEJO FERNÁNDEZ
Licenciado en Filología Hispánica
Catedrático de Lengua y Literatura de Enseñanza Secundaria

AURELIO CEBRIÁN ABELLÁN
Licenciado en Filosofía y Letras
Doctor en Geografía
Profesor Titular de Universidad

JOSÉ ANTONIO VEGA ÁLVAREZ
Maestro Industrial

LIDIA PONCE MARTÍNEZ
Licenciada en Psicología

CARLOS TOJEIRO ALCALÁ
Ingeniero Informático
Titulado MCP de Microsoft

MIGUEL BALDOMERO RAMÍREZ FERNÁNDEZ
Doctor en Educación y Ciencias Sociales
Ingeniero Técnico Industrial/Graduado en Ingeniería
Mecánica/Ingeniero de Organización Industrial Ex profesor
de Educación Secundaria. Especialidad Tecnología
Inspector de Educación de Sevilla
Profesor de la Universidad Pablo de Olavide de Sevilla

© 7 Editores Recursos para la Cualificación Profesional y el Empleo, S.L. (7 Editores)
© Los autores
Primera edición, diciembre 2024 (114 páginas)
Derechos de edición reservados a favor de 7 Editores
IMPRESO EN ESPAÑA
Diseño Portada: 7 Editores
Edita: 7 Editores
Avda. San Francisco Javier, 9 · Edificio Sevilla 2 · Planta 11 · Módulos 25-27 · 41018 Sevilla
Teléfono: 954 784 411 · WEB: www.mad.es · e-mail: administracion@7editores.com
ISBN: 978-84-142-8993-8
© "Editorial Mad" y "Eduforma" son nombres comerciales registrados de
7 Editores Recursos para la Cualificación Profesional y el Empleo, S.L.

Índice

TEST N.º 1

**La Constitución Española: Estructura y contenido.
Principios generales. Los derechos y deberes fundamentales.
Sus garantías y suspensión**

1. ¿En qué se fundamenta la Constitución Española?

a) En un Estado social y democrático de Derecho.
b) En la indisoluble unidad de la Nación española.
c) En la independencia de los poderes del Estado.
d) En la organización territorial del Estado.

2. Según el artículo 3 de la CE, el castellano es la lengua oficial del Estado y todos los españoles:

a) Tienen el deber de usar y el derecho de conocer el castellano.
b) Tienen el derecho y el deber de conocer el castellano.
c) Tienen el deber de conocer y el derecho de usar el castellano.
d) Tienen el derecho de conocer y usar el castellano.

3. La Constitución Española reconoce y garantiza el derecho a la autonomía:

a) De las nacionalidades que la integran.
b) De las regiones que la integran.
c) De las Comunidades Autónomas que la integran.
d) De las nacionalidades y regiones que la integran.

4. El Preámbulo de la Constitución:

a) Tiene en sí carácter de norma jurídica.
b) Es una declaración de intenciones, destinada a interpretar lo que se quiere alcanzar con el contenido normativo de la Constitución.

c) Se trata de un texto sin fuerza jurídica de obligar.
d) Las respuestas b) y c) son correctas.

5. Señala la respuesta correcta, respecto de la aprobación, ratificación y publicación de la Constitución Española:

a) Aprobada por las Cortes el 31 de octubre de 1978, ratificada por el pueblo en referéndum el 6 de diciembre de 1978 y publicada el 29 de diciembre de 1978.
b) Aprobada por las Cortes el 30 de octubre de 1978, ratificada por el pueblo en referéndum el 16 de diciembre de 1978 y publicada el 27 de diciembre de 1978.
c) Aprobada por las Cortes el 31 de octubre de 1978, ratificada por el pueblo en referéndum el 16 de diciembre de 1978 y publicada el 29 de diciembre de 1978.
d) Aprobada por las Cortes el 10 de octubre de 1978, ratificada por el pueblo en referéndum el 26 de diciembre de 1978 y publicada el 30 de diciembre de 1978.

6. ¿En qué parte de la Carta Magna se establece la exposición de motivos que impulsan la norma constitucional y los objetivos que con ella se pretenden alcanzar?

a) En el Título Preliminar.
b) En el Preámbulo.
c) En el Título I.
d) En el Título II.

7. La Constitución Española fue sancionada por:

a) El Rey.
b) El Presidente del Congreso.
c) Las Cortes Generales.
d) El Presidente del Gobierno.

8. ¿Cuáles de los siguientes españoles de origen pueden ser privados de su nacionalidad?

a) Exclusivamente los miembros de grupos terroristas.
b) Los miembros de grupos terroristas y los que atenten contra el Rey u otro miembro de la Casa Real.
c) Los que atenten contra un miembro de la Familia Real o del Gobierno de la Nación.
d) Ningún español de origen podrá ser privado de su nacionalidad.

9. Según la CE son fundamentos del orden político y la paz social:

a) La dignidad de la persona, los derechos violables que les son inherentes y el respeto a la ley.
b) La dignidad de la persona, el desarrollo limitado de la personalidad y el respeto a la ley.

c) El respeto a la ley, a los reglamentos administrativos y demás disposiciones legales.

d) La dignidad de la persona, los derechos inviolables que le son inherentes, el libre desarrollo de su personalidad, el respeto a la ley y a los derechos de los demás.

10. ¿Cuál de los siguientes es considerado por la CE como uno de los valores superiores del ordenamiento jurídico?

a) La jerarquía normativa.
b) El pluralismo político.
c) La publicidad normativa.
d) La equidad.

11. La forma política del Estado español es:

a) Democracia parlamentaria.
b) Gobierno parlamentario.
c) Monarquía parlamentaria.
d) República democrática.

12. La parte de la CE que regula la estructura de los principales órganos del Estado recibe el nombre de:

a) Parte dogmática.
b) Parte orgánica.
c) Parte estatal.
d) Parte estructural.

13. Según la CE, la soberanía nacional:

a) Corresponde a las Cortes Generales, al estar compuestas por los representantes del pueblo.
b) Corresponde al Rey.
c) Reside en el pueblo español.
d) Corresponde al Gobierno de la Nación elegido directamente por el pueblo.

14. ¿En qué parte de la Carta Magna se señalan los valores superiores del ordenamiento jurídico?

a) En el Preámbulo.
b) En el Título Preliminar.
c) En el Título I.
d) Ninguna respuesta es correcta.

15. ¿Cuál de las siguientes es una de las características de nuestra Constitución de 1978?

a) Consensuada.
b) Corta.

c) Conservadora.
d) Originalidad.

16. Son el fundamento del orden político y de la paz social:

a) El libre desarrollo de la personalidad.
b) Los derechos inviolables que les son inherentes.
c) El respeto a la ley y a los derechos de los demás.
d) Todas las respuestas son correctas.

17. ¿Qué quedará excluido de extradición?

a) Los delitos criminales.
b) Los delitos políticos.
c) Los actos de terrorismo.
d) Ninguno.

18. ¿Qué debe ser democrático, a tenor de lo dispuesto en la Constitución Española, en los sindicatos de trabajadores y las asociaciones empresariales?

a) Su funcionamiento.
b) Su estructura interna.
c) Su funcionamiento y estructura interna.
d) Sus órganos asamblearios.

19. ¿De cuántos Capítulos consta el Título I de la CE de 1978?

a) De tres.
b) De cinco.
c) De dos.
d) De cuatro.

20. El derecho a la propiedad en nuestra Constitución es un Derecho:

a) Inherente a la condición humana.
b) Absoluto.
c) Que está limitado por la función social de la misma.
d) Ninguna de las respuestas anteriores es correcta.

21. Dispone la Carta Magna que todos contribuirán al sostenimiento de los gastos públicos de acuerdo con su capacidad económica mediante un sistema tributario justo inspirado en los principios de:

a) Legalidad y equidad.
b) Igualdad y progresividad.

c) Publicidad y legalidad.
d) Eficacia y sostenibilidad.

22. En virtud del principio de progresividad tributaria:

a) Se implantarán paulatinamente cada vez mayores tributos.
b) Los tipos impositivos serán regresivos.
c) Prima el principio de igualdad en el pago de los tributos.
d) Nada de lo expuesto es cierto.

23. Según la Constitución, el Estado es:

a) Apolítico.
b) Aconfesional.
c) De bienestar social.
d) Federal.

24. El derecho a la vida se consagra en el siguiente artículo de la Constitución:

a) 10.
b) 16.
c) 15.
d) 24.

25. La pena de muerte en España:

a) Ha quedado abolida.
b) Puede aplicarse en cualquier momento.
c) Solo se aplicará, en tiempo de guerra, a los militares.
d) Rige solo en el ámbito civil.

26. La inmediata puesta a disposición judicial derivada del habeas corpus, se produce por:

a) Detención ilegal.
b) Prisión ilegal.
c) Prisión preventiva.
d) Detención preventiva.

27. El proceso en el que se enjuicie a un presunto delincuente debe:

a) Ser sumario.
b) No dilatarse.
c) Entorpecer los instrumentos probatorios.
d) Nada de lo anterior es cierto.

28. La entrada en un domicilio en caso de flagrante delito, sin autorización de su titular:

a) Puede dar lugar a la aplicación del habeas corpus.
b) Requiere autorización previa de la autoridad judicial.
c) Puede efectuarse en todo momento.
d) No puede realizarse en momento alguno.

29. Cuando, al conocerse la comisión de un delito por una persona, se acude a su domicilio para detenerla:

a) Está obligada a franquear la entrada.
b) Se necesitará autorización judicial para entrar, si no da su consentimiento para ello.
c) Pese a que no dé su consentimiento, se puede entrar.
d) Nada de lo anterior es correcto.

30. La autorización previa para celebrar una manifestación pública:

a) La da el Subdelegado del Gobierno en la Provincia.
b) Es ineludible.
c) Sería inconstitucional.
d) Se da cuando no se prevean alteraciones al orden público, con peligro para personas o bienes.

31. El tipo de sufragio que consagra la Constitución es el:

a) Proporcional.
b) Universal.
c) Censitario.
d) Las respuestas a) y b) son correctas.

32. Además de la no autoinculpación, la Constitución prevé que no se está obligado a declarar sobre un hecho presuntamente delictivo en caso de:

a) Parentesco y afinidad.
b) Cláusula de conciencia.
c) Secreto profesional.
d) Las respuestas a) y b) son correctas.

33. Los Tribunales de Honor están prohibidos respecto de los/la/las:

a) Sindicatos y Organizaciones Profesionales.
b) Administración Civil y Militar.

c) Organizaciones Profesionales y la Administración Civil.
d) Todas las respuestas anteriores son correctas.

34. El secreto profesional, constitucionalmente, sirve para:

a) Ejercer con libertad una profesión titulada.
b) La libertad de creación científica y técnica.
c) No declarar sobre hechos presuntamente delictivos.
d) Todo lo anterior.

35. La fundación de una Internacional Sindical por un sindicato español:

a) Es libre.
b) Está prohibida.
c) Debe plasmarse en un Tratado Internacional.
d) Nada de lo anterior es cierto.

36. El ejercicio del derecho de petición a través de una manifestación ciudadana:

a) No se admite.
b) Se admite en algún caso.
c) Se admite, salvo para los militares.
d) Ni se admite ni se prohíbe.

37. Nuestro sistema tributario ha de ser:

a) Regresivo e igualitario.
b) Progresivo y generalizado.
c) Confiscatorio.
d) Justo y regresivo.

38. Las Fundaciones son:

a) Entidades constituidas para fines de interés general.
b) Administración Corporativa.
c) Entidades privadas con fines de carácter también privado.
d) Asociaciones de personas para conseguir fines de interés general.

39. La asistencia de todo orden a los hijos habidos extraconyugalmente:

a) No está prevista en la Constitución.
b) Es un deber de los padres.
c) Se dispensará por Instituciones de Beneficencia.
d) Se dispensa solo a los que de ellos tengan discapacidad.

40. La especulación urbanística, según la Constitución:

a) Debe evitarse.
b) Está permitida.
c) Genera plusvalías para la colectividad.
d) Pueden hacerla los poderes públicos.

41. No es susceptible de recurso de amparo el derecho a la/de:

a) Sindicación.
b) Investigación científica.
c) Secreto de las comunicaciones.
d) Lo son todos ellos.

42. No es susceptible de recurso de amparo el derecho de:

a) Libertad de cátedra.
b) Negociación colectiva.
c) Manifestación.
d) Huelga.

43. Es susceptible de recurso de amparo el derecho a la/de:

a) Libre sindicación.
b) Petición.
c) Cláusula de conciencia.
d) Lo están todos ellos.

44. Una vez declarado el estado de excepción no se puede suspender el derecho/ libertad de:

a) Huelga.
b) Enseñanza.
c) Adopción de medidas de conflicto colectivo.
d) Libertad de circulación.

45. Durante el estado de excepción, un detenido conserva el derecho de/a:

a) Setenta y dos horas para ser puesto a disposición judicial.
b) Secreto de comunicaciones.
c) Asistencia de Letrado.
d) Ninguno de ellos.

46. Se puede suspender, con motivo de investigaciones relativas a bandas armadas, el derecho de:

a) Huelga.
b) Inviolabilidad del domicilio.
c) Libertad de circulación.
d) Las respuestas b) y c) son correctas.

47. Nuestra Constitución trata de los derechos y deberes fundamentales de los españoles en su Título I, denominado:

a) De los derechos y deberes fundamentales.
b) De los deberes de los españoles.
c) De los derechos de los españoles.
d) De los derechos y deberes principales de los españoles.

48. ¿En qué artículos de nuestra CE se recogen los derechos fundamentales y de las libertades públicas?

a) En los artículos 10 a 43.
b) En los artículos 25 a 38.
c) En los artículos 31 a 45.
d) En los artículos 15 a 29.

Solución al test n.º 1

1. b) En la indisoluble unidad de la Nación española.

2. c) Tienen el deber de conocer y el derecho de usar el castellano.

3. d) De las nacionalidades y regiones que la integran.

4. d) Las respuestas b) y c) son correctas.

5. a) Aprobada por las Cortes el 31 de octubre de 1978, ratificada por el pueblo en referéndum el 6 de diciembre de 1978 y publicada el 29 de diciembre de 1978.

6. b) En el Preámbulo.

7. a) El Rey.

8. d) Ningún español de origen podrá ser privado de su nacionalidad.

9. d) La dignidad de la persona, los derechos inviolables que le son inherentes, el libre desarrollo de su personalidad, el respeto a la ley y a los derechos de los demás.

10. b) El pluralismo político.

11. c) Monarquía parlamentaria.

12. b) Parte orgánica.

13. c) Reside en el pueblo español.

14. b) En el Título Preliminar.

15. a) Consensuada.

16. d) Todas las respuestas son correctas.

17. b) Los delitos políticos.

18. c) Su funcionamiento y estructura interna.

19. b) De cinco.

20. c) Que está limitado por la función social de la misma.

21. b) Igualdad y progresividad.

22. d) Nada de lo expuesto es cierto.

23. b) Aconfesional.

24. c) 15.

25. a) Ha quedado abolida.

26. a) Detención ilegal.

27. b) No dilatarse.

28. c) Puede efectuarse en todo momento.

29. b) Se necesitará autorización judicial para entrar, si no da su consentimiento para ello.

30. c) Sería inconstitucional.

31. b) Universal.

32. c) Secreto profesional.

33. c) Organizaciones Profesionales y la Administración Civil.

34. c) No declarar sobre hechos presuntamente delictivos.

35. a) Es libre.

36. a) No se admite.

37. b) Progresivo y generalizado.

38. a) Entidades constituidas para fines de interés general.

39. b) Es un deber de los padres.

40. a) Debe evitarse.

41. b) Investigación científica.

42. b) Negociación colectiva.

43. d) Lo están todos ellos.

44. b) Enseñanza.

45. c) Asistencia de Letrado.

46. b) Inviolabilidad del domicilio.

47. a) De los derechos y deberes fundamentales.

48. d) En los artículos 15 a 29.

TEST N.º 2 Y 3

El personal al servicio de la Administración Pública según el Texto Refundido de la Ley del Estatuto Básico del Empleado Público, aprobado por el R. D. Legislativo 5/2015, de 30 de octubre: Clases. Adquisición y pérdida de la condición de funcionario. Situaciones administrativas

El personal al servicio de la Administración Pública según el Texto Refundido de la Ley del Estatuto Básico del Empleado Público, aprobado por el R. D. Legislativo 5/2015, de 30 de octubre: Derechos de los empleados públicos. Derechos retributivos. Derecho a la jornada de trabajo, permisos y vacaciones

1. Según el artículo 1.3. del Texto Refundido de la Ley del Estatuto Básico del Empleado Público, uno de los fundamentos de actuación reflejados por el EBEP es el servicio a los ciudadanos y:

a) A los intereses generales.
b) Al ordenamiento jurídico.
c) Al bienestar general.
d) A la Administración Pública.

2. Se regirá por la legislación específica dictada por el Estado y por las comunidades autónomas en el ámbito de sus respectivas competencias y por lo previsto en el EBEP, excepto el capítulo II del título III (salvo el artículo 20), y los artículos 22.3, 24 y 84:

a) El personal funcionario de las Universidades Públicas.
b) El personal funcionario y en lo que proceda el personal laboral al servicio de las Administraciones de las entidades locales.
c) El personal estatutario de los servicios de salud.
d) El personal funcionario y laboral al servicio de las Administraciones de las comunidades autónomas.

3. El Estatuto Básico del Empleado Público tendrá carácter supletorio:

a) Para el personal laboral al servicio de las Administraciones de las comunidades autónomas.
b) Para el personal docente.
c) Para el personal estatutario de los servicios de salud.
d) Para todo el personal de las Administraciones Públicas no incluido en su ámbito de aplicación.

4. El EBEP contiene:

a) Aquello que es común al conjunto de los empleados públicos de todas las Administraciones Públicas.
b) Las normas legales específicas aplicables a los empleados públicos de todas las Administraciones Públicas.
c) Aquello que es común al conjunto de los funcionarios de todas las Administraciones Públicas, más las normas legales específicas aplicables al personal laboral a su servicio.
d) Aquello que es común al conjunto del personal laboral de todas las Administraciones Públicas, más las normas legales específicas aplicables al personal funcionario a su servicio.

5. Señalar la respuesta incorrecta. La designación de personal directivo:

a) Atenderá a principios de mérito y capacidad.
b) Se llevará a cabo mediante procedimientos que garanticen la publicidad y concurrencia.
c) Supone la adquisición de la condición de personal eventual.
d) Atenderá a criterios de idoneidad.

6. En relación con el personal eventual, es cierto que:

a) Será retribuido con cargo a los créditos presupuestarios consignados para el personal funcionario.
b) La condición de personal eventual constituirá mérito en la fase de concurso para el acceso a la Función Pública.
c) Su cese tendrá lugar, en todo caso, cuando se produzca el de la autoridad a la que se preste la función de confianza o asesoramiento.
d) La condición de personal eventual computará como mérito para la promoción interna.

7. Corresponden en exclusiva a los funcionarios públicos, en los términos que en la ley de desarrollo de cada Administración Pública se establezca, el ejercicio de funciones:

a) Directivas.
b) Que impliquen la participación directa o indirecta en el ejercicio de las potestades públicas.
c) Del ámbito militar, de la Justicia o de la Hacienda Pública.
d) Que impliquen la participación directa (no la indirecta), en la salvaguardia de los intereses generales del Estado.

8. Las leyes de Función Pública que se dicten en desarrollo del EBEP podrán prever el nombramiento de personal interino para la ejecución de programas de carácter temporal con una duración de hasta:

a) 2 años.
b) 3 años.
c) 4 años.
d) 5 años.

9. Completar la siguiente frase. Según el artículo 8 del Texto Refundido de la Ley del Estatuto Básico del Empleado Público, aprobado por el Real Decreto Legislativo 5/2015, de 30 de octubre, son empleados públicos quienes desempeñan funciones ………….. en las Administraciones Públicas al servicio de los intereses generales:

a) Directivas.
b) Exclusivas.
c) Administrativas.
d) Retribuidas.

10. Según el artículo 9.1 del EBEP, es una característica del funcionario de carrera el desempeño de servicios profesionales retribuidos de carácter:

a) Permanente.
b) Público.
c) Administrativo.
d) Autoritario.

11. El número de puestos cubiertos por personal eventual:

a) Es indefinido e ilimitado.
b) Está limitado por un máximo establecido por los respectivos órganos de gobierno.
c) Está limitado a tres por cada órgano superior de la Administración Pública.
d) No puede hacerse público, puesto que se trata de personal de confianza.

12. En relación al personal eventual, el EBEP dispone que:

a) El número máximo de este tipo de personal se establecerá por ley de las Cortes Generales o de las Asambleas legislativas de las Comunidades Autónomas.
b) El cese de este personal no va ligado, en ningún caso, al de la autoridad a la que se preste la función de confianza o asesoramiento.
c) La condición de personal eventual constituye mérito para el acceso a la Función Pública y para la promoción interna.
d) Este personal solo realiza funciones expresamente calificadas como de confianza o asesoramiento especial.

13. Los funcionarios interinos serán nombrados por razones expresamente justificadas de necesidad y:

a) Economía.
b) Eficacia.
c) Urgencia.
d) Calidad.

14. A tenor del artículo 14 del EBEP los empleados públicos tienen derecho:

a) A la inamovilidad en la condición de funcionario de carrera.
b) A la formación continua y a la actualización permanente de sus conocimientos y capacidades profesionales, preferentemente fuera del horario laboral.
c) A la libertad de expresión, sin restricción alguna.
d) A participar en la consecución de los objetivos atribuidos a la unidad donde preste sus servicios y a ser consultado por sus superiores por las tareas a desarrollar.

15. Conforme al EBEP, los funcionarios públicos tendrán un permiso por enfermedad grave de un familiar dentro del primer grado de consanguinidad o afinidad, de:

a) Dos días hábiles.
b) Tres días hábiles.
c) Cuatro días hábiles.
d) Cinco días hábiles.

16. Los funcionarios públicos tendrán un permiso por matrimonio de:

a) 10 días.
b) 15 días.
c) 20 días.
d) 30 días.

17. Tal y como señala el artículo 50 del EBEP, los funcionarios públicos tendrán derecho a disfrutar, durante cada año natural, de unas vacaciones retribuidas de:

a) 1 mes.
b) 30 días naturales.
c) 22 días hábiles.
d) 30 días hábiles.

18. Los Empleados Públicos:

a) Podrán voluntariamente acatar la Constitución y el resto de normas que integran el ordenamiento jurídico.
b) Podrán abstenerse en aquellos asuntos en los que tengan un interés personal.
c) Su actuación perseguirá la satisfacción de los intereses del Gobierno.
d) Guardarán secreto de las materias clasificadas.

19. El conjunto ordenado de oportunidades de ascenso y expectativas de progreso profesional conforme a los principios de igualdad, mérito y capacidad, se denomina:

a) Evaluación del desempeño.
b) Promoción profesional.
c) Promoción interna.
d) Carrera profesional.

20. Para tener derecho a la promoción interna, los funcionarios deberán tener una antigüedad de servicio activo en el inferior subgrupo o grupo de clasificación profesional, de al menos:

a) Dos años.
b) Tres años.
c) Cuatro años.
d) Cinco años.

21. Los empleados públicos tienen derecho a la progresión en la carrera profesional y promoción interna según principios constitucionales de igualdad, mérito y capacidad mediante la implantación de sistemas objetivos y transparentes de:

a) Control.
b) Evaluación.
c) Participación.
d) Provisión.

22. Los empleados públicos tienen derecho a la libertad de expresión:

a) En los términos que establezca una ley.
b) En los términos que se establezcan reglamentariamente.
c) A través de sus representantes sindicales.
d) Dentro de los límites del ordenamiento jurídico.

23. Las Administraciones Públicas podrán destinar cantidades hasta el porcentaje de la masa salarial que se fije en las correspondientes Leyes de Presupuestos Generales del Estado a financiar aportaciones a planes de pensiones de empleo o contratos de seguro colectivos; estas cantidades tendrán a todos los efectos la consideración de:

a) Retribución básica.
b) Retribución complementaria.
c) Indemnización.
d) Retribución diferida.

24. Las retribuciones de los funcionarios en prácticas:

a) Se corresponderán a las del sueldo del Subgrupo o Grupo, en el supuesto de que este no tenga Subgrupo, en que aspiren a ingresar.

b) No podrán superar las del sueldo del Subgrupo o Grupo, en el supuesto de que este no tenga Subgrupo, en que aspiren a ingresar.

c) Se determinarán de acuerdo con la legislación laboral, el convenio colectivo que sea aplicable y el contrato de trabajo.

d) Como mínimo, se corresponderán a las del sueldo del Subgrupo o Grupo, en el supuesto de que este no tenga Subgrupo, en que aspiren a ingresar.

25. ¿Podrá percibirse participación en tributos o en cualquier otro ingreso de las Administraciones Públicas como contraprestación de cualquier servicio, participación o premio en multas impuestas?

a) No, en ningún caso.

b) Sí, en cualquier caso.

c) No, excepto cuando estuviesen normativamente atribuidas a los servicios.

d) Sí, excepto cuando estuviesen normativamente atribuidas a los servicios.

26. La renuncia voluntaria a la condición de funcionario:

a) Inhabilita para ingresar de nuevo en la Administración Pública.

b) No requiere aceptación expresa por la Administración.

c) Será aceptada expresamente cuando el funcionario esté sujeto a expediente disciplinario o haya sido dictado en su contra auto de procesamiento o de apertura de juicio oral por la comisión de algún delito.

d) Debe ser manifestada por escrito.

27. El funcionario que haya perdido su condición por cambio de nacionalidad, si recupera la nacionalidad:

a) Volverá automáticamente al puesto de trabajo que ocupaba.

b) No podrá volver a ejercer como funcionario.

c) Podrá solicitar la rehabilitación.

d) Podrá acceder a la función pública superando un nuevo proceso selectivo.

28. ¿Supone la superación de las pruebas selectivas, por sí misma, la adquisición de la condición de funcionario de carrera?

a) No.

b) Sí, si así lo prevé la propia convocatoria.

c) Sí, si la lista definitiva de aprobados ha sido publicada en el correspondiente Diario Oficial.

d) Sí, si se trata del sistema de oposición.

29. Cuando adquieran la condición de funcionarios al servicio de organizaciones internacionales, los funcionarios de carrera serán declarados en situación de:

a) Excedencia.
b) Servicios especiales.
c) Servicio en otras Administraciones Públicas.
d) Servicio activo.

30. En relación con la excedencia voluntaria por razones de interés particular, de los funcionarios de carrera, es cierto que:

a) Les será computable el tiempo que permanezcan en tal situación a efectos de derechos en el régimen de Seguridad Social que les sea de aplicación.
b) Podrá declararse cuando al funcionario público se le instruya expediente disciplinario.
c) La concesión de excedencia voluntaria por interés particular quedará subordinada a las necesidades del servicio debidamente motivadas.
d) Su duración no podrá ser superior a tres años.

31. Quienes se encuentren en situación de servicios especiales:

a) Percibirán las retribuciones que les correspondan como funcionarios de carrera.
b) Tendrán derecho a reingresar al servicio activo en el mismo puesto que ocupaban en el momento del nombramiento que originó el pase a la situación de servicios especiales.
c) El tiempo que permanezcan en tal situación se les computará a efectos de ascensos, reconocimiento de trienios, promoción interna y derechos en el régimen de Seguridad Social que les sea de aplicación.
d) No podrán percibir los trienios que tuvieran reconocidos antes de pasar a la situación de servicios especiales.

32. Establece el artículo 103 de la Constitución que la ley regulará el estatuto de los funcionarios públicos, el acceso a la función pública de acuerdo con los principios de:

a) Igualdad, mérito y capacidad.
b) Igualdad, mérito, publicidad y capacidad.
c) Mérito y capacidad.
d) Igualdad, publicidad y mérito.

33. De acuerdo con el artículo 1.3 del Texto Refundido del Estatuto Básico del Empleado Público, es un fundamento de actuación:

a) Servicio a los ciudadanos y a los intereses públicos.
b) Igualdad, mérito y capacidad en el acceso y en la promoción profesional.
c) Sometimiento pleno a la ley y al Derecho, a la Constitución y al Derecho de la Unión Europea.
d) Publicidad y transparencia y promoción.

34. De acuerdo con el Texto Refundido del Estatuto Básico del Empleado Público, la ejecución de programas de carácter temporal no podrá tener una duración superior a:

a) Cuatro años.
b) Tres años prorrogables por uno más por la autoridad competente.
c) Tres años, ampliable hasta doce meses más por las leyes de Función Pública que se dicten en desarrollo del EBEP.
d) Tres años, sin posibilidad de prórroga.

35. De acuerdo con el Texto Refundido del Estatuto Básico del Empleado Público, el exceso o acumulación de tareas tendrá un plazo máximo de:

a) Seis meses, dentro de un periodo de doce meses.
b) Nueve meses, dentro de un periodo de dieciocho meses.
c) Nueve meses, dentro de un periodo de doce meses.
d) Nueve meses, dentro del año natural.

36. De acuerdo con el Texto Refundido del Estatuto Básico del Empleado Público, los procedimientos de selección del personal funcionario interino serán públicos, rigiéndose en todo caso por los principios de:

a) Igualdad, mérito, capacidad, publicidad y celeridad, y tendrán por finalidad la cobertura inmediata del puesto.
b) Igualdad, capacidad, publicidad y celeridad, y tendrán por finalidad la cobertura inmediata del puesto.
c) Igualdad, mérito, capacidad, publicidad y agilidad, y tendrán por finalidad la cobertura inmediata del puesto.
d) Igualdad, mérito, transparencia, capacidad, publicidad y celeridad, y tendrán por finalidad la cobertura inmediata del puesto.

37. De acuerdo con el Texto Refundido del Estatuto Básico del Empleado Público, el nombramiento y cese del personal eventual será:

a) Discrecional.
b) Libre.
c) Motivado.
d) Reglado.

38. De acuerdo con el Texto Refundido del Estatuto Básico del Empleado Público, la condición de personal eventual:

a) No podrá ser mérito en la función pública.
b) No podrá ser mérito para el acceso a la función pública, pero sí para la promoción interna.
c) No podrá constituir mérito para el acceso a la función pública o para la promoción interna, ni podrá ser tenido en cuenta en ningún caso a efectos de antigüedad.
d) No podrá constituir mérito para el acceso a la función pública o para la promoción interna.

39. De acuerdo con el Texto Refundido del Estatuto Básico del Empleado Público, y respecto del personal directivo:

a) Su designación atenderá a principios de igualdad, mérito y capacidad y a criterios de idoneidad, y se llevará a cabo mediante procedimientos que garanticen la publicidad y concurrencia.

b) Su designación atenderá a criterios de mérito y capacidad y al principio de idoneidad, y se llevará a cabo mediante procedimientos que garanticen la publicidad y concurrencia.

c) Su designación atenderá a principios de mérito y capacidad y a criterios de idoneidad, y se llevará a cabo mediante procedimientos que garanticen la publicidad, transparencia y concurrencia.

d) Su designación atenderá a principios de mérito y capacidad y a criterios de idoneidad, y se llevará a cabo mediante procedimientos que garanticen la publicidad y concurrencia.

40. De acuerdo con el Texto Refundido del Estatuto Básico del Empleado Público, es un derecho individual ejercido colectivamente:

a) La libertad sindical.

b) Recibir protección eficaz en materia de seguridad y salud en el trabajo.

c) La jubilación según los términos y condiciones establecidas en las normas aplicables.

d) La libre asociación profesional.

41. De acuerdo con el Texto Refundido del Estatuto Básico del Empleado Público, por accidente o enfermedad grave del hermano del padre de un funcionario, se tendrá derecho a un permiso de:

a) Tres días.

b) Cinco días.

d) Cuatro días si es en diferente localidad.

d) No se tiene derecho a ningún día de permiso.

42. De acuerdo con el Texto Refundido del Estatuto Básico del Empleado Público, en el caso de adopción, si fuera necesario el desplazamiento previo de los progenitores al país de origen del adoptado, en los casos de adopción o acogimiento internacional, se tendrá derecho, además de las 16 semanas, a un permiso de:

a) Hasta tres meses de duración, percibiendo durante este periodo exclusivamente las retribuciones básicas.

b) Hasta 2 meses de duración, percibiendo durante este periodo exclusivamente las retribuciones básicas.

c) Hasta 2 meses de duración, percibiendo durante este periodo las retribuciones íntegras.

d) Hasta cuatro semanas de duración, percibiendo durante este periodo exclusivamente las retribuciones básicas.

43. De acuerdo con el Texto Refundido del Estatuto Básico del Empleado Público, las mujeres víctimas de violencia de género tiene derecho a reducir la jornada, con la deducción proporcional de las retribuciones. Tendrán derecho a mantener sus retribuciones si la reducción es:

a) Inferior a un tercio de la jornada.
b) Igual o inferior a un tercio de la jornada.
c) Igual o inferior a la mitad de la jornada.
d) Igual o inferior a una cuarta parte de la jornada.

44. De acuerdo con el Texto Refundido del Estatuto Básico del Empleado Público, cada Administración Pública, en su ámbito, podrá establecer a las funcionarias en estado de gestación, un permiso retribuido, a partir del día primero de la semana:

a) 36 de embarazo, hasta la fecha del parto y en el supuesto de gestación múltiple, este permiso podrá iniciarse el primer día de la semana 34 de embarazo, hasta la fecha de parto.
b) 37 de embarazo, hasta la fecha del parto y en el supuesto de gestación múltiple, este permiso podrá iniciarse el primer día de la semana 35 de embarazo, hasta la fecha de parto.
c) 35 de embarazo, hasta la fecha del parto y en el supuesto de gestación múltiple, este permiso podrá iniciarse el primer día de la semana 33 de embarazo, hasta la fecha de parto.
d) 39 de embarazo, hasta la fecha del parto y en el supuesto de gestación múltiple, este permiso podrá iniciarse el primer día de la semana 37 de embarazo, hasta la fecha de parto.

45. De acuerdo con el Texto Refundido del Estatuto Básico del Empleado Público, un funcionario con 26 años de antigüedad en la administración tiene derecho a los siguientes días de vacaciones:

a) 23.
b) 24.
c) 25.
d) 26.

46. De acuerdo con el Texto Refundido del Estatuto Básico del Empleado Público, ¿qué carrera profesional consiste en el ascenso en la estructura de puestos de trabajo por los procedimientos de provisión establecidos en el EBEP?

a) Carrera horizontal.
b) Carrera vertical.
c) Promoción interna vertical.
d) Promoción interna horizontal.

Solución al test n.º 2 y 3

1. a) A los intereses generales.

2. c) El personal estatutario de los servicios de salud.

3. d) Para todo el personal de las Administraciones Públicas no incluido en su ámbito de aplicación.

4. c) Aquello que es común al conjunto de los funcionarios de todas las Administraciones Públicas, más las normas legales específicas aplicables al personal laboral a su servicio.

5. c) Supone la adquisición de la condición de personal eventual.

6. c) Su cese tendrá lugar, en todo caso, cuando se produzca el de la autoridad a la que se preste la función de confianza o asesoramiento.

7. b) Que impliquen la participación directa o indirecta en el ejercicio de las potestades públicas.

8. c) 4 años.

9. d) Retribuidas.

10. a) Permanente.

11. b) Está limitado por un máximo establecido por los respectivos órganos de gobierno.

12. d) Este personal solo realiza funciones expresamente calificadas como de confianza o asesoramiento especial.

13. c) Urgencia.

14. a) A la inamovilidad en la condición de funcionario de carrera.

15. d) Cinco días hábiles.

16. b) 15 días.

17. c) 22 días hábiles.

18. d) Guardarán secreto de las materias clasificadas.

19. d) Carrera profesional.

20. a) Dos años.

21. b) Evaluación.

22. d) Dentro de los límites del ordenamiento jurídico.

23. d) Retribución diferida.

24. d) Como mínimo, se corresponderán a las del sueldo del Subgrupo o Grupo, en el supuesto de que este no tenga Subgrupo, en que aspiren a ingresar.

25. a) No, en ningún caso.

26. d) Debe ser manifestada por escrito.

27. c) Podrá solicitar la rehabilitación.

28. a) No.

29. b) Servicios especiales.

30. c) La concesión de excedencia voluntaria por interés particular quedará subordinada a las necesidades del servicio debidamente motivadas.

31. c) El tiempo que permanezcan en tal situación se les computará a efectos de ascensos, reconocimiento de trienios, promoción interna y derechos en el régimen de Seguridad Social que les sea de aplicación.

32. c) Mérito y capacidad.

33. b) Igualdad, mérito y capacidad en el acceso y en la promoción profesional.

34. c) Tres años, ampliable hasta doce meses más por las leyes de Función Pública que se dicten en desarrollo del EBEP.

35. b) Nueve meses, dentro de un periodo de dieciocho meses.

36. a) Igualdad, mérito, capacidad, publicidad y celeridad, y tendrán por finalidad la cobertura inmediata del puesto.

37. b) Libre.

38. d) No podrá constituir mérito para el acceso a la función pública o para la promoción interna.

39. d) Su designación atenderá a principios de mérito y capacidad y a criterios de idoneidad, y se llevará a cabo mediante procedimientos que garanticen la publicidad y concurrencia.

40. a) La libertad sindical.

41. d) No se tiene derecho a ningún día de permiso.

42. b) Hasta 2 meses de duración, percibiendo durante este periodo exclusivamente las retribuciones básicas.

43. b) Igual o inferior a un tercio de la jornada.

44. b) 37 de embarazo, hasta la fecha del parto y en el supuesto de gestación múltiple, este permiso podrá iniciarse el primer día de la semana 35 de embarazo, hasta la fecha de parto.

45. c) 25.

46. b) Carrera vertical.

TEST N.º 4

**Ley Orgánica 3/2007, de 22 de marzo, para la Igualdad
Efectiva de Mujeres y Hombres: objeto y ámbito de la Ley.
El principio de igualdad y la tutela contra la discriminación**

1. Cuál es el objetivo principal de la Ley Orgánica 3/2007:

a) Proteger el medio ambiente.
b) Fomentar la igualdad efectiva entre mujeres y hombres.
c) Regular las relaciones laborales.
d) Promover el comercio exterior.

2. Qué artículo de la Constitución Española establece que "los españoles son iguales ante la ley":

a) Artículo 9.2.
b) Artículo 14.
c) Artículo 35.
d) Artículo 53.

3. Cuál de las siguientes opciones no es una manifestación de discriminación según la LO 3/2007:

a) Violencia de género.
b) Discriminación salarial.
c) Desigualdad en las pensiones.
d) Promoción de la igualdad.

4. Qué real decreto-ley equiparó los permisos de paternidad y maternidad en España:

a) El Real Decreto-ley 8/2015.
b) El Real Decreto-ley 6/2019.
c) El Real Decreto-ley 5/2017.
d) El Real Decreto-ley 10/2020.

5. En qué año se ratificó en España la Convención sobre la eliminación de todas las formas de discriminación contra la mujer (CEDAW):

a) 1979.
b) 1983.
c) 1995.
d) 2007.

6. Cuál es una de las estrategias fundamentales para el desarrollo eficaz de las políticas de igualdad de género mencionadas en la IV Conferencia Mundial sobre la Mujer:

a) Igualdad de remuneración.
b) Eliminación de estereotipos sexistas.
c) Transversalidad de género.
d) Protección del medio ambiente.

7. Qué principio debe integrarse en todas las políticas y acciones de la Unión Europea según el Tratado de Ámsterdam:

a) Igualdad entre hombres y mujeres.
b) Protección de datos.
c) Seguridad nacional.
d) Comercio justo.

8. Qué artículo de la LO 3/2007 aborda la discriminación directa e indirecta:

a) El artículo 5.
b) El artículo 6.
c) El artículo 7.
d) El artículo 8.

9. Qué se considera acoso sexual según la LO 3/2007:

a) Cualquier comportamiento relacionado con el género.
b) Cualquier comportamiento, verbal o físico, de naturaleza sexual.
c) Negarse a contratar a una persona por su sexo.
d) Diferencias salariales basadas en el género.

10. Qué título de la LO 3/2007 está dedicado al derecho al trabajo en igualdad de oportunidades:

a) El Título II.
b) El Título III.
c) El Título IV.
d) El Título V.

11. Qué establece el artículo 13 de la LO 3/2007 sobre la carga de la prueba en casos de discriminación por razón de sexo:

a) La carga de la prueba recae sobre el demandante.
b) La carga de la prueba recae sobre el demandado.
c) La carga de la prueba es compartida.
d) No se menciona la carga de la prueba.

12. Qué organización adoptó un Plan de Trabajo para la Igualdad entre las Mujeres y los Hombres en 2006:

a) Las Naciones Unidas.
b) El Parlamento Europeo.
c) La Comisión Europea.
d) La Organización Internacional del Trabajo.

13. En qué año se celebró la primera conferencia mundial sobre la mujer organizada por las Naciones Unidas:

a) 1975.
b) 1980.
c) 1985.
d) 1995.

14. Según la LO 3/2007, qué se considera discriminación directa por razón de sexo:

a) Cualquier trato desfavorable a las mujeres embarazadas.
b) Diferencias salariales entre hombres y mujeres.
c) Menor presencia de mujeres en puestos de responsabilidad.
d) Trato menos favorable basado en el sexo en una situación comparable.

15. Qué título de la LO 3/2007 trata sobre la igualdad en la responsabilidad social de las empresas:

a) El Título V.
b) El Título VI.
c) El Título VII.
d) El Título VIII.

16. Qué se considera acoso por razón de sexo según la LO 3/2007:

a) Cualquier comportamiento realizado en función del sexo de una persona.
b) Diferencias en las condiciones de trabajo.
c) Negarse a contratar a una persona por su género.
d) Discriminación salarial.

17. Qué documento europeo establece el principio de igualdad ante la ley y la prohibición de discriminación:

a) El Tratado de Lisboa.
b) La Carta de Derechos Fundamentales de la Unión Europea.
c) La Directiva 2002/73/CE.
d) La Directiva 2004/113/CE.

18. Según la LO 3/2007, ¿qué medida se puede tomar para corregir situaciones de desigualdad de hecho respecto de los hombres:

a) Sanciones económicas.
b) Acciones positivas.
c) Revisión salarial.
d) Formación adicional.

19. Qué principio se consagra en la LO 3/2007 para su integración en la elaboración, ejecución y aplicación de normas:

a) El principio de legalidad.
b) El principio de transparencia.
c) El principio de transversalidad.
d) El principio de equidad.

20. Según la LO 3/2007, qué se considera discriminación indirecta por razón de sexo:

a) Trato desfavorable directo.
b) Trato desigual en condiciones de trabajo.
c) Disposición neutra que pone en desventaja a un sexo.
d) Desigualdad en oportunidades de formación.

21. Cuál de los siguientes no es un objetivo del Pacto Europeo por la Igualdad de Género (2011-2020):

a) Reducir las desigualdades en empleo.
b) Promover un mejor equilibrio entre vida laboral y privada.
c) Combatir todas las formas de violencia contra la mujer.
d) Aumentar los beneficios empresariales.

22. Según la LO 3/2007, qué se considera discriminación por razón de sexo en la afiliación y participación en organizaciones:

a) Diferencias salariales.
b) Menor acceso a formación.

c) Exclusión de mujeres.
d) Disposición neutra que pone en desventaja a un sexo.

23. Cuál es la finalidad de las acciones positivas según la LO 3/2007:

a) Penalizar a las empresas que discriminan.
b) Corregir situaciones de desigualdad de hecho.
c) Aumentar la competitividad empresarial.
d) Mejorar las condiciones laborales.

24. Según la LO 3/2007, quién tiene la legitimación para intervenir en los procesos sobre igualdad de trato:

a) Solo las personas físicas.
b) Solo las personas jurídicas.
c) Las personas físicas y jurídicas con interés legítimo.
d) El gobierno.

25. Qué título de la LO 3/2007 regula la igualdad de trato en las Fuerzas Armadas y las Fuerzas y Cuerpos de Seguridad del Estado:

a) El Título V.
b) El Título VI.
c) El Título VII.
d) El Título VIII.

26. Qué se entiende por discriminación por razón de sexo en la LO 3/2007:

a) Trato desfavorable basado en el género.
b) Mayor presencia de hombres en el mercado laboral.
c) Diferencias en la edad de jubilación.
d) Falta de acceso a servicios de salud.

27. Según la LO 3/2007, ¿qué se debe garantizar en el ámbito del empleo privado y público:

a) Igualdad en las oportunidades de viaje.
b) Igualdad en el acceso a la educación superior.
c) Igualdad de trato y oportunidades en el acceso al empleo.
d) Igualdad en el uso de recursos tecnológicos.

28. Qué establece el artículo 4 de la LO 3/2007:

a) El principio de igualdad en la remuneración.
b) El principio de igualdad en la aplicación de las normas.

c) El principio de igualdad en el acceso a la vivienda.
d) El principio de igualdad en el ámbito deportivo.

29. Qué se considera acoso sexual según la LO 3/2007:

a) Diferencia de trato en la formación profesional.
b) Cualquier comportamiento, verbal o físico, de naturaleza sexual que atente contra la dignidad.
c) Menor representación de mujeres en el parlamento.
d) Desigualdad en las condiciones de salud.

30. Qué se entiende por "discriminación indirecta" según la LO 3/2007:

a) Trato desfavorable directo basado en el sexo.
b) Disposición neutra que desventaja a un sexo respecto al otro.
c) Menor acceso a recursos tecnológicos.
d) Exclusión de mujeres de eventos deportivos.

Solución al test n.º 4

1. b) Fomentar la igualdad efectiva entre mujeres y hombres.

2. b) Artículo 14.

3. d) Promoción de la igualdad.

4. b) El Real Decreto-ley 6/2019.

5. b) 1983

6. c) Transversalidad de género.

7. a) Igualdad entre hombres y mujeres.

8. b) El artículo 6.

9. b) Cualquier comportamiento, verbal o físico, de naturaleza sexual.

10. c) El Título IV.

11. b) La carga de la prueba recae sobre el demandado.

12. c) La Comisión Europea.

13. a) 1975.

14. d) Trato menos favorable basado en el sexo en una situación comparable.

15. c) El Título VII.

16. a) Cualquier comportamiento realizado en función del sexo de una persona.

17. b) La Carta de Derechos Fundamentales de la Unión Europea.

18. b) Acciones positivas.

19. c) El principio de transversalidad.

20. c) Disposición neutra que pone en desventaja a un sexo.

21. d) Aumentar los beneficios empresariales.

22. c) Exclusión de mujeres.

23. b) Corregir situaciones de desigualdad de hecho.

24. c) Las personas físicas y jurídicas con interés legítimo.

25. a) El Título V.

26. a) Trato desfavorable basado en el género.

27. c) Igualdad de trato y oportunidades en el acceso al empleo.

28. b) El principio de igualdad en la aplicación de las normas.

29. b) Cualquier comportamiento, verbal o físico, de naturaleza sexual que atente contra la dignidad.

30. b) Disposición neutra que desventaja a un sexo respecto al otro.

TEST N.º 5

Conocimientos de cultura general (cálculo aritmético, nociones de gramática, historia, geografía, ofimática básica...)

1. Una millonésima se representa por:

a) 1×10^{-7}
b) 1×10^{-6}
c) 1×10^{-5}
d) 1×10^{-4}

2. Una diezmilésima se representa por:

a) 1×10^{-7}
b) 1×10^{-6}
c) 1×10^{-5}
d) 1×10^{-4}

3. Una centena de millar se representa por:

a) 100.000 unidades.
b) 1×10^{5}
c) 1×10^{4}
d) Las respuestas a) y b) son correctas.

4. Indique la respuesta exacta de la siguiente operación:

25+327+1263

a) 1615
b) 1625
c) 1715
d) 1825

5. Indique la respuesta exacta de la siguiente operación:

6754+35,765+8,714+49

a) 6487,479
b) 6847,479
c) 6874,379
d) 6874,479

6. Indique la respuesta exacta de la siguiente operación:

0,325+1,034+0,0046

a) 1,6363
b) 2,3663
c) 1,3666
d) 1,3636

7. Indique la respuesta exacta de la siguiente operación:

564287 – 346721

a) 207566
b) 217566
c) 227656
d) 227756

8. Indique la respuesta exacta de la siguiente operación:

876965,68 – 99876,79

a) 777088,89
b) 777089,98
c) 787189,89
d) 787198,98

9. Indique la respuesta exacta de la siguiente operación:

1,987465 – 1,896754

a) 0,90711
b) 0,090711
c) 0,900711
d) 0,900171

10. Indique la respuesta exacta de la siguiente operación:

378 x 25

a) 9350
b) 9450
c) 9550
d) 9650

11. En la palabra *respetes* se observan:

a) Morfemas flexivos de género y número.
b) Morfemas de persona, de número, de aspecto, de modo y de tiempo.
c) Morfemas flexivos de persona, número, aspecto y género.
d) Morfemas de persona, de número y de aspecto.

12. La parasíntesis es un:

a) Un procedimiento para componer verbos.
b) Uno de los principales procedimientos para el aumento del vocabulario.
c) Un sistema para la derivación de las palabras.
d) Ninguna es correcta.

13. En las palabras *claridad* y *dejadez* se observan:

a) Prefijos y sufijos.
b) Solo raíces.
c) Raíces y sufijos.
d) Solo sufijos.

14. El interfijo de la palabra *solecito* es:

a) *-ec-*
b) *-ito*
c) *sol*
d) Ninguna es correcta.

15. Los prefijos y los sufijos se unen a la raíz y forman palabras:

a) Compuestas.
b) Verbales.
c) Derivadas.
d) Complejas.

16. En *intramuros* encontramos tres morfemas:

a) Una raíz, *muro*; un prefijo, *intra,* y un morfema flexivo de número, -*s*.
b) Una raíz, *intramuro,* y un morfema flexivo de plural, -*s*.
c) Una raíz, *intra*; un interfijo, *muro,* y un morfema flexivo de número, -*s*.
d) Una raíz, intra y un sufijo, muros.

17. El sustantivo es una categoría de palabras:

a) Fija, pues no se puede modificar.
b) Variable, pues posee género y número.
c) No es una categoría o clase de palabras.
d) Compuesta, unas veces fija y otras variable.

18. El nombre común sirve para:

a) Designar personas, animales, lugares o cosas de una misma especie.
b) Identificar a un ser entre todos los demás.
c) Para cumplir una función denominativa, pero sin significado.
d) Designar cosas o animales pero no personas.

19. Se denominan antropónimos:

a) Los nombres de animales y cosas.
b) Los nombres de lugares y animales.
c) Los nombres de personas.
d) Los nombres de seres vivos.

20. Los topónimos son:

a) Nombres de animales.
b) Nombres de cosas y lugares.
c) Nombres de lugares.
d) Todas son correctas.

21. La fase cronológica con la evidencia más antigua de la presencia humana y de una cultura material es:

a) Neolítico.
b) Paleolítico.
c) Edad del bronce.
d) Edad del hierro.

22. Los neandertales y los primeros *Homo sapiens sapiens* vivieron en el:

a) Paleolítico inferior.
b) Paleolítico medio.

c) Paleolítico superior.
d) Neolítico.

23. En el Paleolítico superior:

a) La caza era una actividad colectiva y organizada, desarrollada con estrategias sobre especies concretas, y contó con avances (arco, propulsor, hondas, boleadoras y otros artefactos).
b) Se practicó el marisqueo costero y la pesca fluvial con redes o arpones de hueso.
c) Los poblados disponían de sectores de actividades: viviendas, talleres para el trabajo, zonas de enterramiento, áreas sagradas para ceremonias, etc.
d) Todas son correctas.

24. Los vasos campaniformes:

a) Son una innovación del Paleolítico superior.
b) Eran un elemento de ajuar fúnebre individual.
c) Eran una pieza con forma de campana invertida fabricada fundamentalmente con marfil.
d) Todas son correctas.

25. ¿En qué etapa nacen tanto la división social, encabezada por los guerreros, como las primeras civilizaciones?

a) Paleolítico.
b) Calcolítico.
c) Edad del Hierro.
d) Edad del Bronce.

26. La Edad del Hierro finaliza:

a) Con la fabricación de los primeros utensilios de bronce. Comienzo de la Edad de Bronce.
b) Con el inicio de la expansión del Imperio romano.
c) Con el desarrollo de la civilización mesopotámica.
d) Con el desarrollo de la civilización minoica.

27. La escritura cuneiforme fue creada por:

a) Los sumerios.
b) Los egipcios.
c) La cultura minoica.
d) La cultura cretense.

28. La escultura egipcia:

a) Representaba a dioses o faraones.
b) Eran figuras generalmente talladas en roca, con formas rígidas, hieráticas y frontales.

c) Se les aplicaba la policromía y su tamaño era variable.

d) Todas son correctas.

29. Una de las instituciones políticas de la polis de Atenas era:

a) Monarquía: con una diarquía, el gobierno de dos reyes (los diarcas), controlados por la Asamblea.

b) Apella: la Asamblea de los ciudadanos, con competencias para designar mandos militares, elegir miembros de las otras instituciones, nombrar reyes, conceder la libertad a los esclavos…

c) Eforado: con magistrados (éforos) elegidos anualmente por la Asamblea para controlar a los reyes y a los órganos políticos.

d) Boulé: una institución que representaba a las tribus. Sus miembros lo eran por sorteo y tenían a su cargo funciones como el control de los magistrados, la preparación de leyes…

30. ¿Qué es la autarquía?

a) Una forma de gobierno en la que solo puede ejercer el poder una minoría, que casi siempre es la que tiene mayor poder adquisitivo.

b) Cualquier forma de gobierno en la que el poder sea ejercido por una sola persona, bien de forma democrática, bien de forma dictatorial.

c) La máxima aspiración económica de todo estado griego que consistía en producir lo necesario sin recurrir al exterior.

d) Todo modelo económico que esté basado fundamentalmente en el intercambio comercial entre diferentes estados.

31. Fue un escultor griego:

a) Policleto.

b) Anaximandro.

c) Arquímedes.

d) Platón.

32. Señala la respuesta correcta sobre los etruscos:

a) Su estructura social era piramidal.

b) Su economía se centraba en la tríada mediterránea (cereal, vid y olivo), más lino, cultivos de huerta, etc., y en la ganadería ovina.

c) Fueron creadores de un conglomerado de ciudades-estado que desde la Toscana se extendieron hacia el Lacio por el Mediterráneo occidental hasta la costa del Adriático, donde fundaron ciudades.

d) Todas son correctas.

33. Las guerras púnicas enfrentaron a Roma con:

a) Cartago.
b) Grecia.
c) Galia.
d) Germania.

34. Uno de los pueblos prerromanos de la península ibérica son los celtas. Señala la respuesta correcta sobre ellos:

a) Se establecieron en el este y sur de la península.
b) Su actividad económica principal fue la minería y orfebrería.
c) Vivían en pequeños poblados fortificados.
d) Dejaron notables legados artísticos como las damas de Elche y Baza.

35. La Hispania romana estaba subdividida en provincias, ¿cuál no era una de ellas?

a) Lusitania.
b) Baética.
c) Tarraconensis.
d) Cartago Nova.

36. ¿Desde qué pestaña de la cinta de opciones de Word podremos comparar dos versiones de un documento?

a) Inicio.
b) Referencias.
c) Word no nos permite realizar esa acción.
d) Revisar.

37. ¿Cuál de las siguientes relaciones entre opción y grupo no es correcta?

a) Tachado y Fuente.
b) Interlineado y Párrafo.
c) Espaciado y Párrafo.
d) Hipervínculo y Referencias.

38. La alineación es un comando de Word 365 que afecta a:

a) La selección de texto.
b) La dirección del texto.
c) El interlineado del texto.
d) Los párrafos.

39. ¿En qué ficha y grupo está la opción para utilizar las tabulaciones?

a) Insertar / Tabulaciones.
b) Inicio / Párrafo/ botón cuadro diálogo Párrafo.
c) Inicio / formato / Tabulaciones.
d) Inicio / Tabulaciones.

40. En Word, ¿cuál es la diferencia entre pulsar INTRO y pulsar las teclas Mayúsculas + Intro?

a) Intro indica párrafo nuevo y Mayúsculas + Intro indica salto de línea.
b) No hay diferencias para Word.
c) Intro indica párrafo nuevo, y Mayúsculas + Intro indica salto de sección.
d) Intro indica salto de línea nuevo, y Mayúsculas + Intro indica salto de sección.

41. El botón Borrar Formato en Word:

a) Borra todo el Formato de la selección.
b) Deja el texto sin formato y lo elimina.
c) Funciona haciendo doble clic.
d) Ese botón existe en Excel, pero no en Word.

42. Los sangrados en Word:

a) Definen el límite izquierdo de los párrafos de un documento, pero no el derecho.
b) Definen el límite derecho de los párrafos de un documento, pero no el izquierdo.
c) Definen el límite izquierdo y el límite derecho de los párrafos de un documento.
d) Definen el límite izquierdo de los párrafos de un documento y el estado de la primera línea de cada uno.

43. La carta modelo en un proceso de combinar correspondencia de Word:

a) Tendrá la tabla de datos para combinar.
b) No tendrá los campos de combinación.
c) Incluirá el texto que no varía.
d) Tendrá tantas hojas como datos se combinen.

44. El método más rápido para acceder a las opciones de la cinta de opciones de Word 365 es hacer un clic con el ratón sobre ellas; si queremos acceder a las distintas opciones de los paneles y menús a partir del teclado, podemos pulsar la tecla:

a) F1.
b) Shift.
c) Ctrl.
d) Alt.

45. La combinación de teclas para la alineación centrada es:

a) Ctrl + T
b) Ctrl + Q
c) Ctrl + J
d) Ctrl + Alt + C

46. El interlineado se puede definir como:

a) El espacio que hay entre los párrafos de un documento.
b) El espacio que hay entre los caracteres de un párrafo.
c) El espacio que hay entre los párrafos seleccionados.
d) El espacio que hay entre una y otra línea de un mismo párrafo.

47. ¿En qué menú de Word 365 se encuentra la opción Marcas de Agua?

a) Insertar.
b) Diseño.
c) Disposición.
d) Inicio.

48. ¿Qué combinación de teclas nos lleva en Word 365 al menú de impresión?

a) Alt + Ctrl + R
b) Alt + Ctrl + V
c) Alt + Ctrl + I
d) Alt + Ctrl + D

49. La sangría francesa:

a) Controla el límite izquierdo de todas las líneas del párrafo menos la segunda.
b) Controla el límite izquierdo de todas las líneas del párrafo menos la última.
c) Controla el límite izquierdo de todas las líneas del párrafo menos la primera.
d) Controla el límite derecho de todas las líneas del párrafo menos la segunda.

50. Para disminuir un nivel en una lista Multinivel de Word 365 pulsamos:

a) Mayúsculas + Control.
b) Mayúsculas + Ins.
c) Mayúsculas + L.
d) Ninguna es correcta.

51. Si queremos eliminar un comentario que tiene una celda de Excel 365, ¿a qué ficha tenemos que acceder?

a) Revisar.
b) Comentarios.

c) Datos.
d) Programador.

52. Las constantes de Excel 365 pueden ser valores:

a) Numéricos y de tipo texto.
b) Horas y Fechas.
c) Numéricos, de texto, horas y fechas.
d) Numéricos, de texto, horas y fechas y booleanos.

53. Si en una celda aparecen símbolos de sostenido (#####):

a) Está en notación científica negativa.
b) Es un valor de texto incorrecto.
c) El valor no cabe en la altura de la celda.
d) El valor no cabe en la anchura de la celda.

54. De manera predeterminada, Excel 365:

a) Muestra 2 hoja de cálculo.
b) Muestra 5 hojas de cálculo.
c) Muestra 10 hojas de cálculo.
d) Es un valor configurable.

55. La opción de ocultar Hoja de Excel 365 podemos encontrarla en:

a) El botón de lista Insertar.
b) El botón de lista Hoja.
c) El botón de lista Formato.
d) El botón de lista Eliminar.

56. La etiqueta de la hoja de cálculo se colorea totalmente cuando:

a) Estás en una hoja distinta.
b) Estás en la propia hoja.
c) Siempre está coloreada.
d) Si la hoja no está totalmente vacía.

57. En la ficha Página, en el grupo Configurar Página, podemos:

a) Definir los márgenes de la hoja.
b) Definir los saltos de página.
c) Definir la orientación.
d) Definir los márgenes, los saltos de página pero no el centrado de las páginas.

58. La escala de ajuste de la hoja de cálculo, tiene un valor máximo de:

a) 100 %.
b) 400 %.
c) 250 %.
d) 150 %.

59. Un encabezado en Excel 365 es la parte de la Hoja que está:

a) Entre el borde inferior y el margen superior.
b) Entre el borde inferior y el margen inferior.
c) Entre el borde superior y el margen superior.
d) Ninguna de las respuestas es correcta.

60. El código #N/A es:

a) Error de acceso a la celda.
b) Fórmula matricial.
c) Error de celda.
d) División por 0.

61. Las funciones de Excel 365 son:

a) Fórmulas predefinidas.
b) Cálculos predefinidos.
c) Argumentos predefinidos.
d) Macros.

62. La función =SUMA(A1 ; A8 ; A10)

a) Suma todas las celdas desde la A1 a la A8 y además la A10.
b) Suma todas las celdas desde la A1 a la A10 menos la A8.
c) Suma todas las celdas desde la A1 a la A8 y el resultado lo coloca en la A10.
d) Suma las celdas A1, A8 y la A10.

63. La función =SUMA(A1 ; 3 ; A8)

a) Suma 3 veces la celda A1 y la A8.
b) Suma la celda A1 y 3 veces la celda A8.
c) No es una formula correcta.
d) Suma la celda A1, una constante de 3 y la celda A8.

64. La función RESIDUO:

a) Calcula el interés residual de un préstamo.
b) Devuelve el resto de una división.
c) Calcula la parte entera de una división.
d) No es una función correcta, sería RESTO.

65. La función" =REDONDEAR (B3 ; -2)", teniendo en B3 el valor "14,14":

a) Dará un error como resultado.
b) Redondea el valor B3 al valor más cercano a "-2".
c) Redondea el valor B3 y le resta "2".
d) Devuelve como resultado 0.

66. Di cuál es una dirección de correo válida en el Outlook 365:

a) persona@proveedorcom
b) www.proveedor.com
c) persona.proveedor.com
d) cta@cts.es.

67. La parte de la izquierda de una dirección de correo electrónico en la versión Outlook 365 se denomina:

a) Dominio.
b) Organización.
c) Dominio de organización.
d) Nombre de Usuario.

68. ¿Cuál de las siguientes combinaciones de teclas es la que está asociada a "Responder a todos"?

a) Ctrl + R
b) Ctrl + Mayús+ R
c) Ctrl + F
d) Ctrl + U

69. Los clientes de correo POP:

a) Tienen que estar conectados todo el tiempo.
b) Los mensajes se descargan de golpe si están disponibles.
c) Los mensajes se descargan parcialmente aun sin estar disponibles.
d) Tienen que estar conectados a intervalos de 15'.

70. ¿Qué es un Hoax?

a) Un Bulo o Noticia falsa.
b) Suplantación de identidad.
c) Un virus.
d) Un error de configuración en el navegador.

71. El protocolo SMTP:

a) Permite recibir mensajes.
b) Permite enviar mensajes.
c) Permite enviar y recibir mensajes.
d) No es un protocolo.

72. Cuando un usuario envía un correo:

a) El mensaje se dirige primero hasta el buzón de correo de su proveedor de internet.
b) El mensaje se dirige primero hasta el buzón de correo del proveedor de internet del destinatario.
c) El mensaje se dirige primero hasta el buzón de correo del proveedor de internet del destinatario si es de tipo POP.
d) El mensaje se dirige primero hasta el buzón de correo del proveedor de internet del destinatario si es de tipo SMTP.

73. En Microsoft Outlook se pueden configurar:

a) Correos gratuitos.
b) Correos de proveedor de pago.
c) Tanto correos gratuitos como de proveedores de pago.
d) Correos de proveedor de pago, pero con licencia empresarial.

74. ¿Cuál de las siguientes expresiones no es correcta?

a) Los destinatarios incluidos en un campo CCO pueden recibir el correo y ver el resto de los destinatarios incluidos en los campos Para y CC, así como responderles.
b) Los destinatarios incluidos en un campo CCO no pueden ver a otros posibles destinatarios del campo CCO.
c) Ningún destinatario, independientemente del campo donde se encuentre, tendrá constancia de alguna dirección de correo electrónico incluida en CCO.
d) Solo los destinatarios del campo PARA podrán saber qué personas han recibido el mensaje en copia oculta.

75. La carpeta de correo no deseado o Spam contiene:

a) Correos recibidos con origen desconocido.
b) Correos enviados con destino sospechoso.
c) Correos recibidos o enviados con origen desconocido.
d) Correos enviados con destino sospechoso de los últimos 30 días.

76. Al pulsar la opción de imprimir de la ficha archivo, en Outlook, podemos elegir en la configuración entre "tabla" o "memorando"; ¿qué diferencia existe entre ambas opciones?

a) Tabla imprime la lista de correos y Memorando el correo seleccionado.

b) Tabla imprime el correo seleccionado y Memorando la lista de correos.

c) Tabla imprime el correo seleccionado y Memorando permite modificar la configuración de la impresión.

d) Tabla imprime el correo seleccionado en formato tabular y Memorando solo el asunto.

77. La opción "Responder a todos":

a) Responde al remitente y a los usuarios de la lista de contactos seleccionados previamente.

b) Responde al remitente y al resto de usuarios que estén en el mensaje.

c) Responde al remitente y solo a los usuarios del mensaje que estén en el CC.

d) Responde al remitente y solo a los usuarios del mensaje que estén en el "Para".

78. Los destinatarios del campo CC:

a) No son visibles para los del campo CCO.

b) Solo son visibles para los del campo PARA.

c) Solo son visibles para los del campo CC.

d) Son visibles para todos los destinatarios.

79. La parte del entorno que permite ver una vista previa del correo seleccionado se llama:

a) Panel de lectura.

b) Visor de lectura.

c) Vista de lectura.

d) Panel de Vista.

80. Al reenviar un mensaje en el asunto aparecerá:

a) RE:

b) RW:

c) RS:

d) RV:

Solución al test n.º 5

1. b) 1×10^{-6}

2. d) 1×10^{-4}

3. d) Las respuestas a) y b) son correctas.

4. a) 1615

5. a) 6487,479

6. d) 1,3636

7. b) 217566

8. a) 777088,89

9. b) 0,090711

10. a) 9350

11. b) Morfemas de persona, de número, de aspecto, de modo y de tiempo.

12. b) Uno de los principales procedimientos para el aumento del vocabulario.

13. c) Raíces y sufijos.

14. a) *-ec-*

15. c) Derivadas.

16. a) Una raíz, *muro*; un prefijo, *intra,* y un morfema flexivo de número, *-s*.

17. b) Variable, pues posee género y número.

18. a) Designar personas, animales, lugares o cosas de una misma especie.

19. c) Los nombres de personas.

20. c) Nombres de lugares.

21. b) Paleolítico.

22. b) Paleolítico medio.

23. d) Todas son correctas.

24. b) Eran un elemento de ajuar fúnebre individual.

25. d) Edad del Bronce.

26. b) Con el inicio de la expansión del Imperio romano.

27. a) Los sumerios.

28. d) Todas son correctas.

29. d) Boulé: una institución que representaba a las tribus. Sus miembros lo eran por sorteo y tenían a su cargo funciones como el control de los magistrados, la preparación de leyes…

30. c) La máxima aspiración económica de todo estado griego que consistía en producir lo necesario sin recurrir al exterior.

31. a) Policleto.

32. d) Todas son correctas.

33. a) Cartago.

34. c) Vivían en pequeños poblados fortificados.

35. d) Cartago Nova.

36. d) Revisar.

37. d) Hipervínculo y Referencias.

38. d) Los párrafos.

39. b) Inicio / Párrafo/ botón cuadro diálogo Párrafo.

40. a) Intro indica párrafo nuevo y Mayúsculas + Intro indica salto de línea.

41. a) Borra todo el Formato de la selección.

42. c) Definen el límite izquierdo y el límite derecho de los párrafos de un documento.

43. c) Incluirá el texto que no varía.

44. d) Alt.

45. a) Ctrl + T

46. d) El espacio que hay entre una y otra línea de un mismo párrafo.

47. b) Diseño.

48. c) Alt + Ctrl + I

49. c) Controla el límite izquierdo de todas las líneas del párrafo menos la primera.

50. d) Ninguna es correcta.

51. a) Revisar.

52. c) Numéricos, de texto, horas y fechas.

53. d) El valor no cabe en la anchura de la celda.

54. d) Es un valor configurable.

55. c) El botón de lista Formato.

56. a) Estás en una hoja distinta.

57. c) Definir la orientación.

58. b) 400 %.

59. c) Entre el borde superior y el margen superior.

60. c) Error de celda.

61. a) Fórmulas predefinidas.

62. d) Suma las celdas A1, A8 y la A10.

63. d) Suma la celda A1, una constante de 3 y la celda A8.

64. b) Devuelve el resto de una división.

65. d) Devuelve como resultado 0.

66. d) cta@cts.es.

67. d) Nombre de Usuario.

68. b) Ctrl + Mayús+ R

69. b) Los mensajes se descargan de golpe si están disponibles.

70. a) Un Bulo o Noticia falsa.

71. b) Permite enviar mensajes.

72. a) El mensaje se dirige primero hasta el buzón de correo de su proveedor de internet.

73. c) Tanto correos gratuitos como de proveedores de pago.

74. d) Solo los destinatarios del campo PARA podrán saber qué personas han recibido el mensaje en copia oculta.

75. a) Correos recibidos con origen desconocido.

76. a) Tabla imprime la lista de correos y Memorando el correo seleccionado.

77. b) Responde al remitente y al resto de usuarios que estén en el mensaje.

78. d) Son visibles para todos los destinatarios.

79. a) Panel de lectura.

80. d) RV:

TEST N.º 6

Centros públicos educativos en el municipio de Alcorcón. Localización, oferta educativa, características

1. ¿Cuál es una característica destacada de la oferta educativa para adultos en Alcorcón?

a) Solo se enfoca en la alfabetización básica.
b) Incluye programas de FP dual para adultos.
c) Ofrece formación para completar la educación, mejorar habilidades y adquirir nuevas.
d) Está limitada a actividades extraescolares y culturales.

2. ¿Cuál de las siguientes opciones NO es parte de la oferta educativa del Ayuntamiento de Alcorcón?

a) Educación Infantil en escuelas y casas de niños.
b) Formación Profesional de grado medio y superior.
c) Programas universitarios de posgrado.
d) Educación para Adultos, con programas de alfabetización y educación continua.

3. ¿Cuál es una característica distintiva del programa de las Casas de Niños en Alcorcón?

a) Ofrecen servicio de comedor y horario ampliado.
b) Son centros gratuitos diseñados para facilitar la conciliación familiar y laboral.
c) Ofrecen el Proyecto de Inglés en todas sus actividades.
d) Están dirigidas exclusivamente a niños de 0 a 3 años.

4. ¿Qué característica principal tienen las Escuelas Infantiles Casa de Niños "Arco Iris" y "Sol y Luna" en Alcorcón?

a) Ofrecen clases de idiomas y matemáticas a niños de 1 a 3 años.
b) Brindan educación gratuita en horario de 9:00 a 13:00 horas, sin servicio de comedor ni ampliación de horario.
c) Ofrecen un programa bilingüe para niños de 1 a 3 años.
d) Proporcionan clases de música y deportes a los niños.

5. ¿Cuál de las siguientes opciones es correcta sobre las Escuelas Infantiles "Adivinanzas", "Andersen" y "Campanilla" en Alcorcón?

a) La Escuela Infantil "Adivinanzas" ofrece un Proyecto de Inglés y horario ampliado, pero solo está disponible para niños de 3 a 6 años.
b) La Escuela Infantil "Andersen" y "Campanilla" son de titularidad autonómica, y ambas ofrecen el Proyecto de Inglés, pero solo en horario reducido.
c) La Escuela Infantil "Adivinanzas" es de titularidad autonómica y ofrece el Proyecto de Inglés, mientras que "Andersen" y "Campanilla" son de titularidad municipal y también ofrecen el Proyecto de Inglés con horario ampliado.
d) Todas las escuelas mencionadas están bajo titularidad privada y no ofrecen proyectos educativos adicionales.

6. ¿Cuál de las siguientes Escuelas Infantiles en Alcorcón ofrece proyectos relacionados con la Educación Emocional, Educación Vial y Educación para la Salud?

a) Escuela Infantil Las Flores.
b) Escuela Infantil Gloria Fuertes.
c) Escuela Infantil Los Pingüinos.
d) Escuela Infantil La Princesa.

7. ¿Cuál de las siguientes Escuelas Infantiles en Alcorcón incluye un Proyecto de Arte en su oferta educativa?

a) Escuela Infantil Sueños.
b) Escuela Infantil Nanas.
c) Escuela Infantil Mago de Oz.
d) Escuela Infantil Rodari.

8. ¿Cuál es uno de los objetivos principales de la Educación Primaria en Alcorcón?

a) Promover exclusivamente el aprendizaje de lenguas extranjeras.
b) Fomentar actividades lúdicas sin centrarse en los contenidos culturales.
c) Facilitar la adquisición de elementos básicos culturales, autonomía y habilidades como lectura, escritura y cálculo.
d) Garantizar que todos los alumnos completen el Segundo Ciclo de Educación Infantil.

9. ¿Qué centro educativo en Alcorcón incluye un Proyecto de Neurociencia, huerto escolar con invernadero y una radio escolar en su oferta educativa?

a) CEIP Bellas Vistas.
b) CEIP Agustín Arguelles.
c) CEIP Blas de Otero.
d) CEIP Carmen Conde.

10. ¿Qué CEIP en Alcorcón participa en el programa Samsung Smart School y desarrolla un proyecto específico para altas capacidades?

a) CEIP Carmen Conde.
b) CEIP Clara Campoamor.
c) CEIP Chaves Nogales.
d) CEIP Blas de Otero.

11. ¿Cuál de los siguientes CEIP en Alcorcón implementa un Programa de diferenciación curricular para altas capacidades y un proyecto de Radio Escolar?

a) CEIP Claudio Sánchez Albornoz.
b) CEIP Daniel Martín.
c) CEIP Clara Campoamor.
d) CEIP Chaves Nogales.

12. ¿Qué CEIP en Alcorcón es un Centro preferente para alumnos con discapacidad auditiva y ofrece un proyecto de Ciencias en inglés "Science"?

a) CEIP Federico García Lorca.
b) CEIP Fernando de los Ríos.
c) CEIP Fuente del Palomar.
d) CEIP Claudio Sánchez Albornoz.

13. ¿Qué CEIP en Alcorcón incluye el Proyecto Tecnológico Samsung Smart School y ofrece un Proyecto de Robótica en infantil y primaria?

a) CEIP Los Castillos.
b) CEIP Joaquín Costa.
c) CEIP Jesús Varela.
d) CEIP Federico García Lorca.

14. ¿Qué CEIP en Alcorcón ofrece el Proyecto MEC – British Council para el Bilingüismo y utiliza el Método Matemáticas ABN?

a) CEIP Los Castillos.
b) CEIP Miguel de Cervantes.
c) CEIP Miguel Hernández.
d) CEIP Parque de Lisboa.

15. ¿Qué centro educativo en Alcorcón ofrece un Centro Preferente "Visual" para alumnado con dificultades de visión, un Aula Preferente para el alumnado con TEA y es un Colegio Bilingüe?

a) CEIP San José de Valderas
b) CEIP Párroco Don Victoriano
c) CEIP Santiago Ramón y Cajal.
d) CEIP Santo Domingo

16. ¿Qué centro educativo en Alcorcón es un Colegio de Educación Especial y ofrece programas de Transición a la vida adulta?

a) Severo Ochoa.
b) Vicente Aleixandre.
c) Isabel la Católica.
d) San José de Valderas.

17. ¿Qué instituto en Alcorcón es bilingüe y cuenta con el proyecto de Innovación tecnológica "Con la tableta en la mochila"?

a) IES Jorge Guillén.
b) IES Josefina Aldecoa.
c) IES Vicente Aleixandre.
d) IES Parque de Lisboa.

18. ¿Cuál de los siguientes institutos cuenta con un "Centro STEM" y un "Proyecto de Mediación entre iguales"?

a) IES La Arboleda.
b) IES Luis Buñuel.
c) IES Jorge Guillén.
d) IES Los Castillos.

19. ¿Cuál de los siguientes institutos participa en el programa Erasmus+ y tiene un "Aula de Bachillerato de Excelencia"?

a) IES Prado Santo Domingo.
b) IES Parque de Lisboa.
c) IES El Pinar.
d) IES Galileo Galilei.

20. ¿Qué instituto ofrece un programa de préstamo de libros de texto y material didáctico?

a) IES Parque de Lisboa.
b) IES Prado Santo Domingo.
c) IES Ítaca.
d) IES Galileo Galilei.

21. ¿Cuál de los siguientes valores formativos es promovido en la Escuela-Conservatorio Municipal de Música "Manuel de Falla"?

a) El talento.
b) La creatividad.
c) El trabajo en equipo y la conciencia colectiva.
d) La diligencia.

22. ¿A qué edad comienza el ciclo de Música y Movimiento en la Escuela Municipal de Música?

a) Desde los 3 años.
b) Desde los 5 años.
c) Desde los 6 años.
d) Desde los 4 años.

23. ¿Cuál es uno de los objetivos principales de la Escuela Municipal de Adultos Valle Inclán?

a) Obtener la titulación básica que permita un mejor acceso al mundo laboral.
b) Fomentar la integración de las personas extranjeras.
c) Aprender un segundo idioma exclusivamente.
d) Preparar a los alumnos para obtener un título universitario.

24. ¿Cuál de los siguientes programas NO es ofrecido por la Escuela Municipal de Adultos Valle Inclán?

a) Educación Secundaria de Personas Adultas (Título de Graduado en Educación Secundaria).
b) Español para Extranjeros.
c) Programas de formación profesional en hostelería.
d) Enseñanzas Iniciales (alfabetización y consolidación).

25. ¿Qué idiomas ofrece la Escuela Oficial de Idiomas de Alcorcón de manera habitual?

a) Italiano y Portugués.
b) Inglés, Francés, Alemán, y Español para extranjeros.
c) Chino y Japonés.
d) Árabe y Ruso.

26. ¿Cuál de los siguientes dobles grados se ofrece en el Campus de Alcorcón de la Universidad Rey Juan Carlos?

a) Criminología + Derecho.
b) Psicología + Filosofía.
c) Criminología + Psicología.
d) Lengua de Signos Española y Comunidad Sorda + Historia.

27. ¿Qué tipo de actividades realiza el Aula Hospitalaria de la Fundación de Alcorcón además de la enseñanza adaptada?

a) Actividades deportivas para los niños hospitalizados.
b) Actividades lúdicas y artísticas para fomentar el bienestar emocional.
c) Clases de idiomas para mejorar la comunicación.
d) Actividades académicas enfocadas exclusivamente en matemáticas.

28. ¿Qué tipo de formación ofrece el Centro de Educación de Personas Adultas Alfar?

a) Solo formación en informática.
b) Enseñanzas Iniciales, Secundaria y Formación Profesional Básica.
c) Solo preparación para pruebas de acceso a la universidad.
d) Solo clases de cocina y restauración.

29. ¿Qué formación especializada ofrece la Escuela de Técnicas de Mando, Control y Telecomunicaciones (UMACOT) en Alcorcón?

a) Formación en manejo de drones.
b) Entrenamiento en técnicas de conducción militar.
c) Formación en sistemas de inteligencia artificial.
d) Capacitación en sistemas de mando y control (C2) y ciberseguridad.

30. ¿Qué servicios ofrece el Centro de Estudios y Recursos Didácticos de Apoyo a la Discapacidad en Alcorcón?

a) Orientación en autoempleo, educación formal y formación para familias y profesionales.
b) Formación en deportes adaptados y actividades recreativas.
c) Programas de movilidad internacional para personas con discapacidad.
d) Servicios de apoyo psicológico exclusivamente para adultos.

Solución al test n.º 6

1. c) Ofrece formación para completar la educación, mejorar habilidades y adquirir nuevas.

2. c) Programas universitarios de posgrado.

3. b) Son centros gratuitos diseñados para facilitar la conciliación familiar y laboral.

4. b) Brindan educación gratuita en horario de 9:00 a 13:00 horas, sin servicio de comedor ni ampliación de horario.

5. c) La Escuela Infantil "Adivinanzas" es de titularidad autonómica y ofrece el Proyecto de Inglés, mientras que "Andersen" y "Campanilla" son de titularidad municipal y también ofrecen el Proyecto de Inglés con horario ampliado.

6. b) Escuela Infantil Gloria Fuertes.

7. d) Escuela Infantil Rodari.

8. c) Facilitar la adquisición de elementos básicos culturales, autonomía y habilidades como lectura, escritura y cálculo.

9. a) CEIP Bellas Vistas.

10. b) CEIP Clara Campoamor.

11. a) CEIP Claudio Sánchez Albornoz.

12. a) CEIP Federico García Lorca.

13. b) CEIP Joaquín Costa.

14. d) CEIP Parque de Lisboa.

15. c) CEIP Santiago Ramón y Cajal.

16. a) Severo Ochoa.

17. b) IES Josefina Aldecoa.

18. d) IES Los Castillos.

19. a) IES Prado Santo Domingo.

20. c) IES Ítaca.

21. c) El trabajo en equipo y la conciencia colectiva.

22. d) Desde los 4 años.

23. a) Obtener la titulación básica que permita un mejor acceso al mundo laboral.

24. c) Programas de formación profesional en hostelería.

25. b) Inglés, Francés, Alemán, y Español para extranjeros.

26. c) Criminología + Psicología.

27. b) Actividades lúdicas y artísticas para fomentar el bienestar emocional.

28. b) Enseñanzas Iniciales, Secundaria y Formación Profesional Básica.

29. d) Capacitación en sistemas de mando y control (C2) y ciberseguridad.

30. a) Orientación en autoempleo, educación formal y formación para familias y profesionales.

TEST N.º 7

Conocimientos básicos de mantenimiento de carpintería metálica, carpintería de madera, sus distintos accesorios y herrajes, persianas. Medidas de seguridad específicas

1. El mantenimiento de los muebles de madera obedece principalmente a tres aspectos: conservación de la madera, restauración de su acabado y reparación de las roturas. ¿Cuál de estas prácticas es propia de la conservación de la madera?

a) Limpieza de la zona afectada: con un formón o una lija, o bien un cepillo, se descama la madera hasta eliminar toda la superficie carcomida.

b) Solo en las superficies barnizadas es posible desarrollar un mantenimiento a base de cuidar el acabado con tratamientos de nuevos barnices y ceras.

c) Es necesario revisar periódicamente los muebles y rociar sobre estos productos antiparásitos.

d) Es preciso desmontar la pieza suelta y volver a encolar con cola blanca para madera.

2. Las cerraduras son elementos de seguridad que bloquean el paso de ventanas y puertas. ¿Cuál de estos modelos de cerradura son las que se introducen en el canto de la puerta mediante una caja lograda con escoplo?

a) Cerraduras de embutir.

b) Cerraduras superpuestas.

c) Cerradura de tambor.

d) Ninguna de las anteriores es correcta.

3. En algunas ocasiones, las puertas se descuelgan o rozan con el suelo o el marco de la puerta, ¿cuál de estas respuestas indica la solución a los rozamientos de las puertas?

a) Para su arreglo se utiliza una masilla para PVC.

b) Pueden fijarse con listones de madera o masilla (marcos de madera) o con tiras de goma elástica (marcos de aluminio).

c) Se pueden introducir arandelas gruesas entre las bisagras para elevar 1 o 2 milímetros su altura.

d) Puede ser reparada con relativa facilidad siempre y cuando se trate de piezas engarzadas.

4. ¿Cuál de las siguientes afirmaciones es correcta en lo relativo al barnizado?

a) La fuerza y la velocidad pueden, generalmente, graduarse en todos los modelos.

b) Entre mano y mano de cualquier barniz, meteremos la brocha en agua, al no secarse el barniz las cerdas no se pegan.

c) El efecto de la veladura coloreada, a la vez que asoma la beta de la madera, se logra añadiendo el color en el diluyente y no directamente sobre el barniz.

d) Las respuestas b) y c) son correctas.

5. Señala cuál de las siguientes opciones constituye el primer paso en el proceso para arreglar la cinta de una persiana:

a) Volver a atornillar el cajón superior y colocar el resorte inferior empotrado a la pared.

b) Desatornillar el resorte inferior que enrolla la cinta.

c) Desatornillar el cajón superior de la ventana eliminando el resto de cinta rota.

d) Fijar la nueva cinta al tambor de la persiana.

6. Dentro del canteado de tableros, hay dos técnicas interesantes, según sea el canto que usemos. Señala una, de esas dos técnicas, que aparece entre las opciones:

a) Melamínico.

b) Algodón.

c) Rechapado.

d) Encolado.

7. ¿En cuál de estos aglomerados la madera es vulnerable a los cambios atmosféricos, sobre todo, a los debidos a la humedad?

a) Aglomerado de contrachapado.

b) Aglomerado de chapado.

c) Las respuestas a) y b) son correctas.

d) Ninguna de las anteriores es correcta.

8. Señala a qué clase de contrachapado corresponde la siguiente definición: "está indicado para usos industriales en los que la resistencia y durabilidad son las características primordiales. Las caras suelen ser de peor calidad":

a) Contrachapado náutico.

b) Contrachapado estructural.

c) Contrachapado exterior.

d) Contrachapado interior.

9. La madera puede clasificarse de diversas formas, entre ellas, la madera puede clasificarse dependiendo de si son duras o blandas. Señala cuál de las opciones es un ejemplo de madera blanda:

a) Cerezo.
b) Tilo.
c) Roble.
d) Ciprés.

10. Señala qué tipo de árbol se corresponde con la siguiente definición: "madera amarillenta con veteados oscuros. Su estructura es dura y compacta, y se pule muy bien. Se usa para objetos de lujo":

a) Olivo.
b) Abedul.
c) Eucalipto.
d) Pinsapo.

11. El hierro fue el primer material usado, de forma general, para complementar las construcciones de madera; ¿qué nombre reciben estos elementos metálicos incorporados?

a) Herramientas.
b) Herrajes.
c) Armas.
d) Útiles.

12. Los clavos son unas piezas metálicas, largas, delgadas y afiladas. Las puntas, por su parte, son clavos pequeños usados para trabajos finos y se distinguen según la forma de su cabeza. Siendo así, ¿cuál de las siguientes definiciones se corresponde con la punta de cabeza perdida?

a) Es un clavo de fuste delgado, se utiliza en las juntas a tope y a inglete. La cabeza se oculta en la superficie.
b) Sirven para sujetar vidrios, chapas de madera, etc.
c) Tienen un fuste de sección ovalada, lo que reduce el riesgo de rayar la madera. La cabeza se puede ocultar en la madera.
d) Se usa para sujetar alambradas o telas metálicas.

13. Las bisagras son los herrajes que utilizan los bastidores que tienen movimiento de rotación. De entre los más usados, cuál se corresponde con la siguiente definición: "son parecidos a las bisagras y con idéntica finalidad; también de ellos hay una gran variedad":

a) Bisagras.
b) Goznes.
c) Pernios.
d) Pivotes.

14. Las cerraduras son los herrajes más empleados para la función de cierre. Su órgano principal es el pestillo, que, como movimiento de deslizamiento rectilíneo, se introduce en una armella que va asegurada en un montaje fijo. Se distinguen entre ellas según su función, materiales y utilidad y constitución. En esta línea, ¿cuál de las siguientes opciones caracteriza a las cerraduras según su función?

a) Hierro.
b) Seguridad.
c) Cerraduras de carpintería.
d) Todas las anteriores son correctas.

15. Por su parte, los tiradores son herrajes esencialmente funcionales, pero también se usan con frecuencia como elemento decorativo para embellecer cajones y muebles. Clasificados según su diseño, señala cuál de estas opciones se ajusta a la siguiente definición: "se compone de una chapa de latón en la que se embute un asa pivotante o un aro. El tirador se empotra en el frente del cajón y se fija atornillado":

a) Tirador común.
b) Tirador de aldabilla.
c) Tirador de anilla.
d) Tirador de empotrar.

Solución al test n.º 7

1. c) Es necesario revisar periódicamente los muebles y rociar sobre estos productos antiparásitos.

2. a) Cerraduras de embutir.

3. c) Se pueden introducir arandelas gruesas entre las bisagras para elevar 1 o 2 milímetros su altura.

4. d) Las respuestas b) y c) son correctas.

5. b) Desatornillar el resorte inferior que enrolla la cinta.

6. d) Encolado.

7. a) Aglomerado de contrachapado.

8. b) Contrachapado estructural.

9. b) Tilo.

10. a) Olivo.

11. b) Herrajes.

12. a) Es un clavo de fuste delgado, se utiliza en las juntas a tope y a inglete. La cabeza se oculta en la superficie.

13. c) Pernios.

14. b) Seguridad.

15. d) Tirador de empotrar.

TEST N.º 8

Conocimientos básicos de funcionamiento de instalaciones eléctricas, aparatos eléctricos y luminarias. Medidas de seguridad específicas

1. **¿Qué evidencias percibiremos cuando exista una avería debida a la conexión defectuosa de la reactancia, que habrá que comprobar, o bien a que la reactancia es inadecuada, por lo que habrá que sustituirla por otra de potencia acorde con el tubo fluorescente?**

a) Los bornes zumban produciendo ruido.
b) El tubo no enciende.
c) La luz parpadea.
d) Los extremos del tubo se ponen negros.

2. **Indica cuál de los siguientes no es un tipo de fusible:**

a) De plaqueta.
b) De vástago.
c) De cartucho.
d) De tapón.

3. **Los enchufes que sirven para conectar aparatos y están dotados de equipo para toma de tierra, ¿cuántos bornes presentan?**

a) Uno.
b) Dos.
c) Tres.
d) Cuatro.

4. **Para sustituir un portalámparas defectuoso es necesario, en primer lugar:**

a) Desatornillar los terminales de los conductores.
b) Reemplazar la reactancia.
c) Desenroscar la bombilla y quitarla de la base.
d) Desenroscar el aro de porcelana y la funda metálica para acceder a la base.

5. ¿Cómo se llama el interruptor que desconecta automáticamente la instalación en caso de producirse una derivación de algún aparato o en algún punto de instalación?

a) IAD.
b) ICP.
c) PIA.
d) IPC.

6. Los elementos metálicos (generalmente de cobre) que siempre estarán recubiertos con material protector (aislante) destinados a transportar la energía eléctrica, se denominan:

a) Interruptores.
b) Conductores eléctricos.
c) Cajas de registros.
d) Empalmes.

7. ¿Qué tipo de aparato utilizaremos para comprobar la iluminación del ordenador?

a) Polímetro.
b) Voltímetro.
c) Vatímetro.
d) Luxómetro.

8. ¿Cuál es la unidad en la que se mide la intensidad de la corriente?

a) Ohmio.
b) Lux.
c) Voltio.
d) Amperio.

9. El aparato que sirve para medir la intensidad y el sentido de una corriente eléctrica que circula a través de una resistencia se llama:

a) Galvanómetro.
b) Óhmetro.
c) Amperímetro.
d) Voltímetro.

10. Si quisiéramos conocer la potencia consumida por un circuito eléctrico, deberíamos usar:

a) Voltímetro.
b) Vatímetro.
c) Pinza amperimétrica.
d) Polímetro.

11. ¿En qué tipo de alumbrado el nivel de iluminación nominal no se alcanza hasta después de transcurridos unos minutos?

a) Fluorescentes.
b) Bombillas.
c) Lámparas LED.
d) Lámparas de bajo consumo.

12. Todo sistema de puesta a tierra consta de varias partes. Señala la que no corresponda:

a) Línea principal de tierra.
b) Conductores de protección.
c) Tomas de tierra.
d) Fase del circuito eléctrico.

13. En un circuito eléctrico, ¿qué cable corresponde con la toma de tierra?

a) Negro.
b) Marrón.
c) Amarillo con una franja verde.
d) Azul.

14. Los interruptores que se utilizan para encender o apagar varias lámparas desde tres o más sitios indistintamente, se llaman:

a) Interruptor simple.
b) Interruptor de cruce.
c) Interruptor conmutado.
d) Interruptor en línea.

15. Base de enchufe tipo europeo, proviene de Alemania, cuya toma de tierra es lateral:

a) Conmutador.
b) Pulsador.
c) Clavija eléctrica.
d) Base de enchufe schuko.

16. La Unión Técnica de Electricidad clasifica los materiales aislantes eléctricos según las temperaturas máximas de trabajo. ¿A qué clase pertenece el papel encerado?

a) 0.
b) A.
c) B.
d) C.

17. ¿Qué tipo de lámparas han de ser recicladas con tratamiento de residuos peligrosos?

a) Lámparas de bajo consumo.
b) Lámparas LED.
c) Lámparas halógenas.
d) Bombillas incandescentes.

18. Un cortocircuito se produce cuando:

a) El cable de alimentación y el de retorno de un aparato entran en contacto.
b) El cable de retorno entra en contacto con otro cable de retorno.
c) El circuito eléctrico funciona de manera ininterrumpida.
d) No existe cable de retorno.

19. El cable neutro es de color:

a) Marrón.
b) Negro.
c) Azul.
d) Amarillo con una franja verde.

20. Cuando una persona sufre un accidente eléctrico, lo primero que debe hacerse es:

a) Sujetarla con fuerza y tirar de ella.
b) Cortar la fuente de la alimentación de la corriente.
c) Esperar a que salte el diferencial.
d) Alejarse de ella lo antes posible.

21. Si al buscar con el buscapolos el cable que tiene tensión se enciende la luz, significa que tocamos:

a) Neutro.
b) Tierra.
c) Fase.
d) Receptor.

22. En un enchufe, si se observa que la carcasa que recubre los bornes tiene algún tipo de deformación o señal de que se ha incendiado parcialmente debido a un cortocircuito (el plástico quemado), se deberá cambiar:

a) La fase.
b) La base.
c) El neutro.
d) Los bornes.

Solución al test n.º 8

1. a) Los bornes zumban produciendo ruido.

2. b) De vástago.

3. c) Tres.

4. d) Desenroscar el aro de porcelana y la funda metálica para acceder a la base.

5. a) IAD.

6. b) Conductores eléctricos.

7. d) Luxómetro.

8. d) Amperio.

9. a) Galvanómetro.

10. b) Vatímetro.

11. d) Lámparas de bajo consumo.

12. d) Fase del circuito eléctrico.

13. c) Amarillo con una franja verde.

14. b) Interruptor de cruce.

15. d) Base de enchufe schuko.

16. b) A.

17. a) Lámparas de bajo consumo.

18. a) El cable de alimentación y el de retorno de un aparato entran en contacto.

19. c) Azul.

20. b) Cortar la fuente de la alimentación de la corriente.

21. c) Fase.

22. b) La base.

TEST N.º 9

Nociones básicas de fontanería. Arreglo de cisternas y grifería. Medidas de seguridad específicas

1. La soldadura de tubos de cobre que se realiza con aglutinantes y funden a más de 700º C se denomina:

a) Soldadura blanda.
b) Soldadura por capilaridad.
c) Soldadura fuerte.
d) Soldadura en frío.

2. Para desatascar los bajantes, lo mejor es desmontarlos de su conexión con canalones y arquetas y proceder a su desembozado mediante el sistema de:

a) Uso de ventosas.
b) Varillado.
c) Uso de desatascadores químicos.
d) Uso de paleta apropiada.

3. Una de las medidas provisionales de urgencia que podemos tomar en la reparación de escapes y reventones de tuberías es:

a) Cortar la sección donde esté la fisura e insertar una nueva sección del mismo grosor y material, enroscada mediante dos racores.
b) Si el escape se produce en un racor que soporta una elevada presión, desmontarlo y envolver la rosca en cinta de teflón.
c) Cubrir la zona de fuga, agujero o grieta, con una tira de goma plástica sujeta mediante abrazaderas de tornillos bien apretadas.
d) Cortar la tubería a ambos lados de la fuga a una distancia de 2 cm. de longitud para intercalar un racor a presión, comprimiéndolo entre las dos bocas de tubería y ajustándolo mediante el giro opuesto de dos llaves.

4. Los malos olores procedentes de los desagües se deben de detener mediante los sifones. ¿Qué forma debería tener un sifón para mantener un nivel permanente de agua que choque contra los malos olores?

a) P.
b) Z.
c) S.
d) La respuesta a) y c) son correctas.

5. La parte de la cisterna que impide que siga entrando agua cuando la cisterna o depósito están llenos es:

a) Válvula de charnela.
b) Válvula del flotador.
c) Sifón.
d) Palanca de descarga.

6. El mantenimiento de los aparatos de calor se reduce al control de los dispositivos que los regulan. De ellos, el dispositivo que permite seleccionar las zonas donde queremos distribuir el calor, dejando cerradas las zonas no habitadas de un edificio, es:

a) El termostato.
b) El interruptor de encendido-apagado.
c) El sistema de válvulas del circuito de calefacción.
d) El radiador.

7. Para el aislamiento de puertas y ventanas el peón podrá utilizar las tiras de espuma. Indica cuál de las siguientes no es una afirmación correcta sobre su colocación y mantenimiento:

a) Para un mayor rendimiento colocarlas sin estirar.
b) Se pegan mediante una cinta autoadhesiva que contiene la tira.
c) Durante su mantenimiento se deben de pintar.
d) Evitaremos exponerlas al sol para que no pierdan su elasticidad.

8. Las juntas que están diseñadas para contener el paso del humo y gases de un compartimento a otro dentro de un mismo edificio se denominan:

a) Estancas.
b) Intumescentes.
c) Planas.
d) Tóricas.

9. La llave de paso que en posición abierta deja el paso del agua de forma total y en posición de cerrado, cierra el paso herméticamente, se denomina:

a) De compuerta.
b) De escuadra.
c) Normal.
d) De empotrar cuello largo.

10. Los grifos que tienen una boquilla fija o móvil, por la cual puede pasar el agua caliente o fría, o también mezcladas si lo precisamos, se denominan:

a) Sencillos.
b) Dosificador termostático.
c) Mezcladores.
d) De dos palancas.

11. En las pilas de dos senos, ¿cuántos sifones colocaremos?

a) No es necesario un sifón.
b) Uno para cada seno.
c) Uno para ambos senos.
d) Ninguna de las anteriores es correcta.

12. De las siguientes características, indica cuál no es propia de las tuberías de cobre:

a) Es un metal de color rojo salmón.
b) Es un buen conductor de la electricidad.
c) Con la humedad se recubre de una capa de óxido llamada "cardenillo".
d) Es un mal conductor del calor.

13. En la acometida o entrada general de agua en las viviendas, las tuberías suelen tener el siguiente diámetro de tubo:

a) 18 mm.
b) 22 mm.
c) 15 mm.
d) 20 mm.

14. Entre las siguientes afirmaciones sobre las tuberías de hierro, existe una que no es correcta:

a) El hierro negro está permitido para su uso en conducciones de agua potable.
b) Actualmente están prohibidas.
c) Son más difíciles de manipular.
d) Existen dos grupos de tuberías de hierro: negro y galvanizado.

15. ¿Cuál no es una ventaja de las tuberías de PVC?

a) No les afectan las heladas.
b) Son muy ligeras.
c) Son económicas.
d) Se oxidan.

16. ¿Cuál es el sistema que debemos usar para la unión de tuberías de PVC?

a) Pegado.
b) Soldado.
c) Roscado.
d) Ninguna de las anteriores es correcta.

17. Las pasta hecha de tiza y aceite de linaza, usada para sujetar cristales es:

a) Masilla.
b) Silicona.
c) Pasta de papel.
d) Goma-espuma.

18. ¿Cuál es una característica de la goma-espuma?

a) Tiene baja adhesión.
b) Los restos de goma-espuma no se pueden eliminar.
c) No se puede pintar cuando está seca.
d) Crece 2 o 3 veces de volumen en una hora.

Solución al test n.º 9

1. c) Soldadura fuerte.

2. b) Varillado.

3. c) Cubrir la zona de fuga, agujero o grieta, con una tira de goma plástica sujeta mediante abrazaderas de tornillos bien apretadas.

4. d) Las respuestas a) y c) son correctas

5. b) Válvula del flotador.

6. c) El sistema de válvulas del circuito de calefacción.

7. c) Durante su mantenimiento se deben de pintar.

8. b) Intumescentes.

9. a) De compuerta.

10. c) Mezcladores.

11. c) Uno para ambos senos.

12. d) Es un mal conductor del calor.

13. b) 22 mm.

14. a) El hierro negro está permitido para su uso en conducciones de agua potable.

15. d) Se oxidan.

16. c) Roscado.

17. a) Masilla.

18. d) Crece 2 o 3 veces de volumen en una hora.

TEST N.º 10

La atención al público. Atención presencial. Atención telefónica

1. Indica qué palabra falta en la siguiente frase: "Según el artículo 9 de la Constitución Española, corresponde a los poderes públicos .... las condiciones para que la libertad y la igualdad del individuo y de los grupos en que se integra sean reales y efectivas; remover los obstáculos que impidan o dificulten su plenitud y facilitar la participación de todos los ciudadanos en la vida política, económica, cultural y social":

a) Impulsar.
b) Proporcionar.
c) Materializar.
d) Promover.

2. Según el artículo 51 de la Constitución, los poderes públicos promoverán la información y la educación de los consumidores y usuarios, fomentarán sus organizaciones y oirán a éstas en las cuestiones que puedan afectar a aquellos:

a) En los términos que la ley establezca.
b) En los términos que reglamentariamente se establezca.
c) En los términos que disponga una ley orgánica.
d) Con arreglo a lo dispuesto en su legislación específica.

3. Cualquier ciudadano podrá recabar la tutela de las libertades y derechos reconocidos en el artículo 14 de la Constitución y la Sección primera del Capítulo segundo ante los Tribunales ordinarios por un procedimiento basado en los principios de preferencia y:

a) Urgencia.
b) Sumariedad.
c) Amparo.
d) Universalidad.

4. Señala la opción incorrecta. Según el artículo 105 de la Constitución, la Ley regulará el acceso de los ciudadanos a los archivos y registros administrativos, salvo en lo que afecte a:

a) La seguridad y defensa del Estado.
b) La averiguación de los delitos.
c) La intimidad de las personas.
d) La organización de la Administración Pública.

5. En el caso de usuarios de la Administración Pública con un perfil hablador, se recomienda el siguiente trato:

a) Tratarles en reservado.
b) Encauzarles en el tema.
c) Permanecer impasibles.
d) Adulación.

6. Es una característica del ciudadano-cliente presuntuoso:

a) Preguntar mucho.
b) Prefieren escuchar.
c) Van directamente al asunto.
d) Creen saberlo todo.

7. Es el proceso mental consistente en seleccionar, organizar e interpretar información con la finalidad de darle un significado:

a) La expectación.
b) El pensamiento.
c) La percepción.
d) La subjetividad.

8. Manera de comportarse de la gente cuando está hostil, pero no lo sacan a relucir:

a) Comportamiento pasivo.
b) Comportamiento agresivo.
c) Comportamiento pasivo-agresivo.
d) Comportamiento asertivo.

9. La retroalimentación en la comunicación también se conoce como:

a) *Feedback*.
b) *Feeling*.
c) Simbiosis.
d) Fenómeno eco.

10. ¿Cuál de las palabras siguientes define el fenómeno eco en la comunicación?

a) Transferencia.
b) Retroalimentación.
c) *Feeling*.
d) Reformulación.

11. No es una parte de la acogida al ciudadano:

a) Presentación.
b) Puesta a su disposición.
c) Negociación.
d) Saludo.

12. Cualquiera que sea el origen de una reclamación, el objetivo a alcanzar por el empleado de la Administración es:

a) La prevalencia del criterio de la Administración.
b) La satisfacción del ciudadano.
c) Disminuir la tensión.
d) La rapidez en la gestión.

13. Para disminuir la tensión en el trato con un cliente enfadado es recomendable:

a) Sentirse personalmente afectado, pero evitando la responsabilidad.
b) No entrar en discusión.
c) Dar la impresión de no estar afectados y de que no nos concierne.
d) Hacerse oír, para que el cliente hable lo menos posible.

14. La Red de Oficinas Integradas de Atención al Ciudadano se construyó a través de acuerdos denominados:

a) Acuerdos PRISMA.
b) Pactos de colaboración.
c) Convenios marco 060.
d) Convenios de la Red 2000.

15. ¿Qué niveles administrativos participan en la red 060?

a) Únicamente el nivel estatal.
b) Nivel estatal y autonómico.
c) Nivel estatal y local.
d) Estatal, autonómico y entidades locales.

16. A partir de la entrada en funcionamiento del Registro Electrónico General siguiendo lo previsto en la LPACAP, los registros asistidos por la actual red de oficinas en materia de registros, no desaparecerán pero pasarán a denominarse:

a) Oficinas de asistencia en materia de registros.
b) Oficinas auxiliares de registro.
c) Oficinas generales de registro.
d) Oficinas secundarias de registro.

17. La información general se facilitará obligatoriamente a los ciudadanos:

a) Que acrediten un interés legítimo en la materia.
b) Sin exigir para ello la acreditación de legitimación alguna.
c) Que tengan la condición de interesados en cada procedimiento o a sus representantes legales.
d) A los que se refiera la información.

18. Según el RD 208/1996, ofrecer las aclaraciones y ayudas de índole práctica que los ciudadanos requieren sobre procedimientos, trámites, requisitos y documentación para los proyectos, actuaciones o solicitudes que se propongan realizar, o para acceder al disfrute de un servicio público o beneficiarse de una prestación, es la finalidad de la siguiente función de atención al ciudadano:

a) De orientación e información.
b) De recepción y acogida.
c) De recepción de las quejas y reclamaciones.
d) De gestión.

19. Las actuaciones de trámite y resolución de las cuestiones cuya urgencia y simplicidad demanden una respuesta inmediata, están comprendidas, en relación con los procedimientos administrativos, dentro de la función de:

a) Orientación e información.
b) Recepción y acogida.
c) Recepción de las quejas y reclamaciones.
d) Gestión.

20. ¿Pueden las Fuerzas o institutos armados o de los cuerpos de seguridad con disciplina militar, ejercer el derecho de petición?

a) No, en ningún caso.
b) Sí, en cualquier caso.
c) Sólo individualmente.
d) Sólo colectivamente.

21. Recibida la queja o sugerencia, la unidad designada al efecto informará al interesado de las actuaciones realizadas en el plazo de:

a) 10 días hábiles.
b) 15 días hábiles.
c) 15 días naturales.
d) 20 días hábiles.

22. Una manifestación o declaración de un ciudadano en la que este transmite una idea con la que pretende mejorar los servicios que presta la institución o alguno de sus procesos o bien solicita la prestación de un servicio o actuación no previsto o no ofrecido, es:

a) Una queja.
b) Un recurso administrativo.
c) Una sugerencia.
d) Una petición.

23. La información particular es:

a) La referida a los requisitos jurídicos o técnicos que las disposiciones impongan a los proyectos, actuaciones o solicitudes que los ciudadanos se propongan realizar.
b) La concerniente al estado o contenido de los procedimientos en tramitación, y a la identificación de las autoridades y personal al servicio de las Administración General del Estado y de las entidades de derecho público vinculadas o dependientes de la misma bajo cuya responsabilidad se tramiten aquellos procedimientos.
c) La referente a la tramitación de procedimientos, a los servicios públicos y prestaciones, así como a cualesquiera otros datos que los ciudadanos tengan necesidad de conocer en sus relaciones con las Administraciones públicas, en su conjunto, o con alguno de sus ámbitos de actuación.
d) La relativa a la identificación, fines, competencia, estructura, funcionamiento y localización de organismos y unidades administrativas.

24. En relación con la información particular, es cierto que:

a) Se facilitará obligatoriamente a los ciudadanos, sin exigir para ello la acreditación de legitimación alguna.
b) Sólo podrá ser facilitada a las personas que tengan la condición de interesados en cada procedimiento o a sus representantes legales.
c) No podrá referirse a los datos de carácter personal que afecten de alguna forma a la intimidad o privacidad de las personas físicas.
d) Cuando resulte conveniente una mayor difusión, deberá ofrecerse a los grupos sociales o instituciones que estén interesados en su conocimiento.

25. ¿Qué funciones de la atención personalizada a los ciudadanos tienen por objeto facilitar a éstos la orientación y ayuda que precisen en el momento inicial de su visita, y, en particular, la relativa a la localización de dependencias y funcionarios?

a) Funciones de recepción de las iniciativas o sugerencias formuladas por los ciudadanos.
b) Funciones de orientación e información.
c) Funciones de recepción y acogida a los ciudadanos.
d) Funciones de asistencia a los ciudadanos en el ejercicio del derecho de petición.

26. En la atención personalizada al ciudadano, las funciones de gestión, en relación con los procedimientos administrativos, ¿comprenderá la recepción de la documentación inicial de un expediente?

a) No, en ningún caso.
b) Sí, en todo caso.
c) Sí, siempre que se trate de procedimientos urgentes.
d) Sí, cuando así se haya dispuesto reglamentariamente.

27. Las aclaraciones y ayudas de índole práctica requeridas por los ciudadanos sobre procedimientos, trámites, requisitos y documentación para los proyectos, actuaciones o solicitudes que se propongan realizar, o para acceder al disfrute de un servicio público o beneficiarse de una prestación, no pueden entrañar:

a) Una interpretación normativa.
b) Una simple determinación de conceptos.
c) Una información de opciones legales.
d) Una colaboración en la cumplimentación de impresos o solicitudes.

28. Las quejas formuladas conforme a lo previsto en el RD. 951/2005, de 29 de julio, por el que se establece el marco general para la mejora de la calidad en la Administración General del Estado:

a) Tendrán la calificación de recurso administrativo.
b) Condicionarán el ejercicio de las restantes acciones o derechos que, de conformidad con la normativa reguladora de cada procedimiento, puedan ejercer aquellos que en se consideren interesados en el procedimiento.
c) Han de formularse por medios telemáticos.
d) Pueden formularse presencialmente.

29. Según el RD 951/2005, al ciudadano que interpone una queja o sugerencia se le podrá requerir que formule las aclaraciones necesarias para su correcta tramitación, en un plazo de:

a) 10 días hábiles.
b) 15 días hábiles.

c) 20 días hábiles.
d) Un mes.

30. Según la Ley 39/2015, de 1 de octubre, del Procedimiento Administrativo Común de las Administraciones Públicas, las personas físicas:

a) Podrán elegir si se comunican con las Administraciones Públicas a través de medios electrónicos o no.
b) Podrán optar por un medio de comunicación y éste no podrá ser modificado.
c) Proveerán los medios y sistemas electrónicos con los que desean comunicarse.
d) No podrán ser obligadas a relacionarse a través de medios electrónicos con las Administraciones Públicas.

31. De acuerdo con lo previsto en la LPACAP y en el resto del ordenamiento jurídico, quienes tienen capacidad de obrar ante las Administraciones Públicas, son titulares, en sus relaciones con ellas, del derecho a utilizar las lenguas oficiales:

a) Únicamente ante las Administraciones que expresamente lo contemplen en su normativa de funcionamiento.
b) En el territorio de su Comunidad Autónoma.
c) En todo el territorio español.
d) En el territorio de los municipios que así lo dispongan.

32. Según el artículo 14 de la LPACAP, no están obligados a relacionarse electrónicamente con las Administraciones Públicas para la realización de cualquier trámite de un procedimiento administrativo:

a) Los empleados de las Administraciones Públicas en toda relación con estas.
b) Los notarios, en el ejercicio de su actividad profesional.
c) Los registradores mercantiles, en el ejercicio de su actividad profesional.
d) Las entidades sin personalidad jurídica.

33. En el trato a un cliente presuntuoso, no es correcto:

a) Mostrar humildad.
b) Competir con él.
c) Mostrar mucha amabilidad.
d) Adularle alguna vez.

34. En el trato a un cliente escéptico, no es correcto:

a) Mostrar paciencia y perseverancia.
b) Ser sincero.
c) Mantenerse firme y a distancia.
d) Dar garantías.

35. No es correcto, en relación con el comportamiento agresivo de un ciudadano cliente la siguiente afirmación:

a) El agresivo se enfadará con el representante de la Administración, aun sabiendo que no es el culpable de sus problemas.
b) El funcionario no debe perder las buenas maneras y no dar respuestas que puedan ser interpretadas como una provocación.
c) Se intentará frenar la parte irracional de su comportamiento y negociar, haciéndole sentir que su problema nos preocupa.
d) No es conveniente aplicar en esta situación la escucha activa.

36. ¿Cuál de los siguientes tipos de comportamiento se caracteriza por dar afirmaciones claras, expresarse con franqueza y de manera constructiva?

a) Comportamiento asertivo.
b) Comportamiento pasivo.
c) Comportamiento agresivo.
d) Comportamiento pasivo-agresivo.

37. Para establecer un tono positivo con los clientes que no tienen razón en sus argumentos, hemos de:

a) Decirles que no llevan la razón.
b) Decirles que están equivocados.
c) Hacerles sentir culpables.
d) Esforzarnos en ser positivos en nuestras respuestas.

38. Parafrasear es una forma de asegurar nuestra comprensión del mensaje diciéndole al cliente lo que pensamos o lo que hemos comprendido:

a) Añadiendo la información no incluida por el cliente.
b) Asegurándonos de que nuestro tono incluye juicio.
c) Asegurándonos de que nuestro tono incluye evaluación.
d) Dando a entender al cliente que queremos saber si entendemos adecuadamente su mensaje.

39. Cuando los clientes se acercan a la Administración, a menudo nos encontramos con la tarea de tener que explicar un asunto o un servicio. No es cierto que en la explicación:

a) Nos aseguraremos de dar la información correcta.
b) Evitaremos los tecnicismos, utilizando un lenguaje simple y coloquial y educado.

c) Utilizaremos explicaciones de carrerilla, para no ser desigual con otros clientes.

d) No asumiremos que el cliente sabe de temas de la Administración, facilitándole los detalles imprescindibles.

40. ¿Cuál de las siguientes opciones es correcta en cuanto a convencer al cliente?

a) Convencer es coaccionar al cliente para que este realice algo que no desea.

b) Tenemos que persuadirle.

c) Los ciudadanos quieren creer lo que les decimos.

d) No es tarea del personal de la Administración ganarse la confianza que quieran depositar en él.

41. Para tratar a un cliente enfadado, aplicando la técnica de la escucha física:

a) Miraremos al ciudadano directamente. Esto implica que prestamos toda nuestra atención a la conversación con el cliente.

b) Cruzaremos los brazos o las piernas, para hacer pensar al cliente que estamos dispuestos a escucharle.

c) Le miraremos a los ojos fijamente por largo tiempo.

d) Mantendremos una postura rígida e inamovible.

42. La escucha física es una técnica que nos va a permitir, mediante un lenguaje no verbal, tranquilizar y relajar el ánimo de nuestro cliente. ¿Cuál de las siguientes frases es correcta?

a) Primero la persona, después el problema. Primero los sentimientos, después los hechos.

b) Primero la persona, después los sentimientos. Primero el problema, después los hechos.

c) Primero los sentimientos, después la persona. Primero los hechos, después el problema.

d) Primero el problema, después la persona. Primero los hechos, después los sentimientos.

43. Para disminuir la tensión en una reclamación de un ciudadano agresivo:

a) Hay que sentirse personalmente afectado.

b) Hay que evitar la responsabilidad.

c) Dejar hablar y escuchar.

d) Procurar entrar en discusión.

44. Ante un cliente que solicita información con mucha meticulosidad, numerosas preguntas y una actitud crítica, el trato del informador público debe caracterizarse por:

a) Permanecer impasible.

b) Dar pocos detalles.

c) Aportar conocimientos técnicos.

d) Mantenerse firme.

45. Un cliente acude a una de las oficinas de la Administración demandando información personal que le es necesaria para cumplimentar algunos documentos. Sabemos que los datos están informatizados y puede tener acceso a ellos introduciendo un código en un terminal informático. Por lo tanto, como informador público:

a) Dejaremos que el cliente decida cómo actuar.
b) Nos acercaremos a él con la máxima profesionalidad para intentar ayudarle.
c) Esperaremos y solo si observamos algún error en el proceso, tomaremos la iniciativa.
d) Entablaremos una conversación intrascendente para ganarnos su confianza.

46. Para proporcionar un servicio de calidad que satisfaga a los clientes:

a) Se deben aplicar técnicas de escucha activa, feedback y reformulación.
b) La información debe ser ofrecida por más de un empleado.
c) La prioridad será mantener una buena imagen de la Administración.
d) El empleado público se mantendrá indiferente a las necesidades del ciudadano.

47. Un visitante te pregunta por una determinada unidad; le facilitarás una información:

a) Totalmente detallada recurriendo incluso al color de las puertas.
b) Clara y sucinta.
c) Que incluya un croquis de las dependencias por donde debe pasar antes de llegar a la unidad.
d) Que indique el recorrido pero advirtiéndole que existen suficientes rótulos indicadores de las unidades o servicios.

48. Los clientes poseen diferentes personalidades y por ello tienen diferentes características. Así, debemos saber que el cliente que avasalla e insulta pertenece al tipo:

a) Hablador.
b) Excitable.
c) Inquisitivo.
d) Irrazonable.

49. El comportamiento agresivo:

a) Se refleja físicamente por el movimiento continuo de manos y brazos.
b) Se da cuando una persona se enfrenta a otra físicamente.
c) Se da cuando la persona afirma claramente, se expresa con franqueza y de manera constructiva.
d) Se da cuando una persona siente temor a actuar de forma agresiva.

50. La diferencia entre una reclamación y una queja es que la primera:

a) Expresa desacuerdo con el trato personal.
b) Expresa insatisfacción con el contenido dado a la demanda.

c) Se basa en una percepción subjetiva que no afecta a todos los clientes por igual.

d) Informa sobre cómo es percibida la calidad de los servicios por los ciudadanos.

51. ¿Cuál de los siguientes elementos básicos de la comunicación se refiere al lenguaje en el que emitimos el mensaje?

a) El emisor.

b) El receptor.

c) El canal.

d) El código.

52. No ayuda a la comunicación:

a) La escucha activa.

b) El feedback.

c) La reformulación (fenómeno eco).

d) Utilizar un lenguaje lo más técnico posible.

53. No ayuda a una escucha activa:

a) Estar preparado sobre el tema de que se trata.

b) Escuchar y resumir las ideas básicas.

c) Repetir en esencia lo que ha dicho el interlocutor.

d) No preguntar.

54. No es cierto que el feedback (retroalimentación) en la comunicación:

a) Consiste en facilitar a nuestro interlocutor información sobre cómo hemos percibido o entendido lo que nos está comunicando.

b) Consiste en dejar que el otro hable, escuchar atentamente y callar.

c) Puede referirse no solo a la recepción del mensaje sino a expresar de forma verbal el impacto emocional del mismo.

d) Aclara las relaciones entre personas y ayuda a comprender mejor al otro.

55. Es un fallo en la comunicación:

a) Entender lo que queremos entender.

b) Establecer un clima agradable.

c) Estar dispuestos a oír a la otra persona en sus propios términos.

d) Ser comprensivo con las circunstancias del interlocutor.

56. No es una causa de fallos en la comunicación:

a) Entender lo que queremos entender.

b) Nuestro estado emocional condicionador de lo que queremos decir.

c) Estar a la defensiva.

d) Vocalizar al hablar.

57. **No ayuda a mejorar nuestra comunicación cuando hablamos**:

a) Organizar nuestro pensamiento.
b) Expresarnos con precisión.
c) Encerrar muchas ideas en un enunciado.
d) Hablar con naturalidad.

58. **No ayuda a mejorar nuestra comunicación cuando escuchamos**:

a) Que el interlocutor advierta que se pone voluntad e interés en entenderle.
b) Utilizar el feedback (retroalimentación).
c) Pensar en nuestras respuestas mientras escuchamos.
d) No evaluar ni prejuzgar.

59. **El operario que recibe una reclamación de un cliente**:

a) Ha de negarse a recibirla.
b) Debe convencer al usuario para que no la presente.
c) Debe recibir cualquier tipo de reclamación que el usuario quiera presentar.
d) El cliente no puede realizar reclamaciones.

60. **En relación con la comunicación no verbal, es falso que**:

a) La quietud y el reposo son posturas de clara atención al interlocutor.
b) La quietud ha de ser rígida para mostrar que no se está deseando que el otro acabe de hablar.
c) Comunicamos constantemente nuestro estado emocional a través de inconscientes gestos.
d) Cuando hablamos, nuestra voz comunica una gran cantidad de información no incluida en los sonidos de las palabras que pronunciamos (el paralenguaje).

61. **Es importante ofrecer una cálida acogida al ciudadano que llega a veces perdido. La acogida tiene cuatro partes, ¿cuál de las siguientes es incorrecta?**

a) Recepción.
b) Saludo.
c) Ponernos a su disposición.
d) Continuar con lo que estábamos haciendo.

62. **Señalar la respuesta incorrecta. La escucha física es una técnica que**:

a) Permite tranquilizar y relajar el ánimo del cliente.
b) Utiliza el lenguaje verbal.
c) Refleja la actitud de estar al servicio del cliente.
d) Transmite interés por el problema.

63. Es importante que la voz de la operaria al teléfono para atender al usuario sea:

a) Clara, monótona y agresiva.
b) Apagada, natural y agradable.
c) Regresiva, con silencios.
d) Agradable, clara y armónica.

64. Señalar la opción incorrecta. Cuando la operaria realiza una llamada debe seguir los pasos que se indican a continuación:

a) Saludar.
b) Mantener al usuario en espera.
c) Justificar la llamada.
d) Aplicar la técnica de escucha activa.

65. La atención personalizada al ciudadano no comprende la función de:

a) Recepción y acogida a los ciudadanos.
b) Orientación e información.
c) Gestión.
d) Enjuiciamiento.

66. La escucha activa:

a) Es un conjunto de acciones no verbales destinadas a la consecución de una escucha positiva.
b) Es una comunicación bidireccional.
c) Es el objeto de acciones verbales destinadas a la consecución de una escucha óptima.
d) Es el conjunto de acciones verbales y no verbales destinadas a la consecución de una escucha óptima.

67. El feedback significa:

a) Alimentación verbal.
b) Impacto emocional.
c) Retroalimentación.
d) Escucha óptima.

68. Cuando se ha analizado la opinión de la ciudadanía con respecto a la Administración, se ha comprobado la existencia de niveles diferentes. El tercer nivel hace referencia a:

a) El del puesto de contacto con las Administraciones.
b) Análisis de la Administración según le va al ciudadano/a.
c) El ciudadano se pregunta sobre las estructuras de la Administración.
d) El ciudadano se pregunta sobre los procedimientos de la Administración.

Solución al test n.º 10

1. d) Promover.

2. a) En los términos que la ley establezca.

3. b) Sumariedad.

4. d) La organización de la Administración Pública.

5. b) Encauzarles en el tema.

6. d) Creen saberlo todo.

7. c) La percepción.

8. c) Comportamiento pasivo-agresivo.

9. a) *Feedback*.

10. d) Reformulación.

11. c) Negociación.

12. b) La satisfacción del ciudadano.

13. b) No entrar en discusión.

14. c) Convenios marco 060.

15. d) Estatal, autonómico y entidades locales.

16. a) Oficinas de asistencia en materia de registros.

17. b) Sin exigir para ello la acreditación de legitimación alguna.

18. a) De orientación e información.

19. d) Gestión.

20. c) Sólo individualmente.

21. d) 20 días hábiles.

22. c) Una sugerencia.

23. b) La concerniente al estado o contenido de los procedimientos en tramitación, y a la identificación de las autoridades y personal al servicio de las Administración General del Estado y de las entidades de derecho público vinculadas o dependientes de la misma bajo cuya responsabilidad se tramiten aquellos procedimientos.

24. b) Sólo podrá ser facilitada a las personas que tengan la condición de interesados en cada procedimiento o a sus representantes legales.

25. c) Funciones de recepción y acogida a los ciudadanos.

26. d) Sí, cuando así se haya dispuesto reglamentariamente.

27. a) Una interpretación normativa.

28. d) Pueden formularse presencialmente.

29. a) 10 días hábiles.

30. a) Podrán elegir si se comunican con las Administraciones Públicas a través de medios electrónicos o no.

31. b) En el territorio de su Comunidad Autónoma.

32. a) Los empleados de las Administraciones Públicas en toda relación con estas.

33. b) Competir con él.

34. c) Mantenerse firme y a distancia.

35. d) No es conveniente aplicar en esta situación la escucha activa.

36. a) Comportamiento asertivo.

37. d) Esforzarnos en ser positivos en nuestras respuestas.

38. d) Dando a entender al cliente que queremos saber si entendemos adecuadamente su mensaje.

39. c) Utilizaremos explicaciones de carrerilla, para no ser desigual con otros clientes.

40. c) Los ciudadanos quieren creer lo que les decimos.

41. a) Miraremos al ciudadano directamente. Esto implica que prestamos toda nuestra atención a la conversación con el cliente.

42. a) Primero la persona, después el problema. Primero los sentimientos, después los hechos.

43. c) Dejar hablar y escuchar.

44. c) Aportar conocimientos técnicos.

45. b) Nos acercaremos a él con la máxima profesionalidad para intentar ayudarle.

46. a) Se deben aplicar técnicas de escucha activa, feedback y reformulación.

47. b) Clara y sucinta.

48. b) Excitable.

49. a) Se refleja físicamente por el movimiento continuo de manos y brazos.

50. b) Expresa insatisfacción con el contenido dado a la demanda.

51. d) El código.

52. d) Utilizar un lenguaje lo más técnico posible.

53. d) No preguntar.

54. b) Consiste en dejar que el otro hable, escuchar atentamente y callar.

55. a) Entender lo que queremos entender.

56. d) Vocalizar al hablar.

57. c) Encerrar muchas ideas en un enunciado.

58. c) Pensar en nuestras respuestas mientras escuchamos.

59. c) Debe recibir cualquier tipo de reclamación que el usuario quiera presentar.

60. b) La quietud ha de ser rígida para mostrar que no se está deseando que el otro acabe de hablar.

61. d) Continuar con lo que estábamos haciendo.

62. b) Utiliza el lenguaje verbal.

63. d) Agradable, clara y armónica.

64. b) Mantener al usuario en espera.

65. d) Enjuiciamiento.

66. d) Es el conjunto de acciones verbales y no verbales destinadas a la consecución de una escucha óptima.

67. c) Retroalimentación.

68. a) El del puesto de contacto con las Administraciones.

TEST N.º 11

Manipulación Manual de Cargas.
Posturas forzadas

1. Respecto a la inclinación del tronco en la manipulación manual de cargas, es correcto afirmar que:

a) La manipulación de una carga vigilando el centro de gravedad disminuye el riesgo de lesión en la zona.
b) La postura correcta al manejar una carga es con el tronco inclinado.
c) La postura correcta al manejar una carga es con la espalda derecha.
d) La técnica de levantamiento de la carga no afecta para una correcta manipulación.

2. En general, el peso máximo que se recomienda no sobrepasar en la manipulación manual de cargas es de:

a) 25 kg.
b) 30 kg.
c) 50 kg.
d) 20 kg.

3. Unas condiciones ideales de manipulación manual de cargas incluyen:

a) Levantamientos rápidos y continuados.
b) Espalda inclinada hacia delante.
c) Manejo de la carga sin giros ni inclinaciones.
d) Sujeción del objeto con una posición de la muñeca en ángulo de 90º.

4. En relación con la manipulación manual de cargas, la primera obligación del empresario es:

a) La formación e información de los trabajadores.
b) La vigilancia de la salud.

c) Evaluar los riesgos.
d) Evitar la manipulación manual.

5. A efectos prácticos, la Guía Técnica para la evaluación y prevención de los riesgos derivados de la manipulación manual de cargas considera carga a los objetos de:

a) Más de 1 kg.
b) Más de 3 kg.
c) Más de 5 kg.
d) Menos de 60 kg.

6. El riesgo de lesión será menor:

a) Cuanto más alejada esté la carga del cuerpo.
b) Cuanto más se gire el tronco.
c) Cuanto menor sea la frecuencia de la manipulación.
d) Cuanto menor sea el tiempo de descanso entre manipulaciones.

7. La Guía Técnica para la evaluación y prevención de los riesgos derivados de la manipulación manual de cargas recomienda que la profundidad de la carga no supere:

a) Los 25 cm.
b) Los 35 cm.
c) Los 60 cm.
d) Los 90 cm.

8. Según la Guía Técnica para la evaluación y prevención de los riesgos derivados de la manipulación manual de cargas, desde el punto de vista preventivo, lo ideal es no transportar la carga una distancia superior a:

a) 1 metro.
b) 3 metros.
c) 5 metros.
d) 10 metros.

9. Cuando los trayectos de manipulación manual de cargas no superan los 10 metros, el peso máximo acumulado transportado en una jornada de 8 horas de trabajo será de:

a) 3.000 kg.
b) 6.000 kg.
c) 10.000 kg.
d) 12.000 kg.

10. Se recomienda que en locales interiores el rango de temperaturas para trabajos ligeros se encuentre entre:

a) 10º y 30º.
b) 14º y 25º.
c) 5º y 35º.
d) 20º y 24º.

11. ¿Cuál de las siguientes acciones en la manipulación manual de cargas es correcta?

a) Doblar las piernas manteniendo en todo momento la espalda derecha, y mantener el mentón metido. No flexionar demasiado las rodillas.
b) Juntar los pies para proporcionar una postura estable y equilibrada para el levantamiento.
c) Girar el tronco antes de cambiar de dirección.
d) Sujetar firmemente la carga empleando ambas manos y separarla del cuerpo.

12. Según la Guía Técnica para la evaluación y prevención de los riesgos derivados de la manipulación manual de cargas, aquellas cargas sin asas que pueden sujetarse flexionando la mano 90º alrededor de la carga, se consideran de:

a) Agarre óptimo.
b) Agarre bueno.
c) Agarre regular.
d) Agarre malo.

13. El desplazamiento vertical ideal de una carga es de:

a) Hasta 25 cm.
b) Hasta 50 cm.
c) Hasta 100 cm.
d) Hasta 175 cm.

14. Cuando se maneja una carga entre dos personas la capacidad de levantamiento es:

a) La suma de sus capacidades individuales.
b) Dos tercios de la mayor de las capacidades de los dos trabajadores.
c) Dos tercios de la suma de sus capacidades individuales.
d) La mitad de la suma de sus capacidades individuales.

15. La Guía Técnica recomienda que no se deberían manipular cargas en postura sentada (siempre que sea en una zona próxima al tronco, evitando manipular cargas a nivel del suelo o por encima del nivel de los hombros y giros e inclinaciones del tronco) de más de:

a) 3 kilos.
b) 5 kilos.
c) 10 kilos.
d) 15 kilos.

16. Según el Real Decreto 487/1997, ¿cómo se define la manipulación manual de cargas?

a) Movimiento de objetos utilizando máquinas específicas.

b) Cualquier operación de transporte o sujeción de una carga por parte de uno o varios trabajadores, como el levantamiento, la colocación, el empuje, la tracción o el desplazamiento, que por sus características o condiciones ergonómicas inadecuadas entrañe riesgos, en particular dorsolumbares, para los trabajadores.

c) Cualquier objeto susceptible de ser movido.

d) Movimientos relacionados únicamente con el empuje de cargas pesadas.

17. Las lesiones músculo-esqueléticas se pueden producir en cualquier zona del cuerpo, pero son más sensibles:

a) Los miembros inferiores.

b) Los miembros superiores.

c) La espalda.

d) Las opciones b) y c) son correctas.

18. ¿Qué postura es ideal para la manipulación de una carga?

a) Carga lejos del cuerpo con giros suaves.

b) Carga cerca del cuerpo con espalda recta y sin giros.

c) Sujetar la carga con una inclinación de 45°.

d) Colocar la carga por encima del nivel de los hombros.

19. ¿Qué lesiones son frecuentes en la manipulación manual de cargas?

a) Hemorragias internas y fracturas craneales.

b) Lesiones dorsolumbares, fracturas y cortes.

c) Infecciones y quemaduras térmicas.

d) Problemas circulatorios severos.

20. Según el Real Decreto 487/1997, una carga puede considerarse con riesgo, especialmente dorsolumbar, si:

a) Su peso es inferior a 5 kg.

b) Es difícil de sujetar o está mal equilibrada.

c) Está hecha de materiales sintéticos.

d) Está almacenada en superficies elevadas.

21. ¿Qué medida debe tomar el empresario si no se puede evitar la manipulación manual de cargas?

a) Reducir los riesgos mediante ayudas mecánicas y formación.

b) Aumentar las pausas de trabajo.

c) Supervisar únicamente las cargas pesadas.
d) Consultar con el departamento financiero.

22. ¿Qué debe hacerse antes de levantar una carga pesada?

a) Planificar el levantamiento y usar equipos adecuados.
b) Agacharse lo máximo posible sin doblar las piernas.
c) Pedir ayuda únicamente si el peso supera los 50 kg.
d) Realizar movimientos rápidos para evitar lesiones.

23. ¿Qué factor incrementa el riesgo de lesión al manipular cargas?

a) Alejar la carga del centro de gravedad del cuerpo.
b) Levantar la carga repetidas veces en un día.
c) No usar guantes de protección.
d) Realizar descansos prolongados entre levantamientos.

24. ¿Cuál es la distancia máxima ideal para transportar manualmente una carga?

a) 1 metro.
b) 2 metros.
c) 1,5 metros.
d) 3 metros.

25. Los límites de carga acumulada diariamente en un turno de 8 horas si la distancia de transporte es de más de 10 metros, no deben superar los siguientes Kg/día como máximo:

a) 10.000 kg.
b) 5.000 kg.
c) 3.000 kg.
d) 6.000 kg.

26. ¿Qué tipo de agarre reduce el riesgo al manipular cargas?

a) Agarre con las puntas de los dedos.
b) Agarre con toda la mano en posición de la muñeca neutral.
c) Agarre lateral con desviación de la muñeca.
d) Agarre con una sola mano.

27. ¿Qué factor corrige el peso teórico recomendado para la manipulación de cargas?

a) El desplazamiento vertical de la carga.
b) La altura del operario.
c) El uso de guantes.
d) El material de la carga.

28. ¿Qué condiciones hacen que una carga sea difícil de manipular?

a) Bordes lisos y redondeados.
b) Tamaño ancho o superficies resbaladizas.
c) Materiales ligeros y frágiles.
d) Bordes acolchados y asas adecuadas.

29. ¿Cómo debe levantarse una carga del suelo?

a) Con los brazos estirados y la espalda recta.
b) Doblando la espalda para mayor alcance.
c) Flexionando las piernas y manteniendo la espalda recta.
d) Girando el tronco y sujetando la carga con fuerza.

30. El desplazamiento vertical ideal de una carga es de hasta:

a) 75 kg.
b) 25 kg.
c) 75 cm.
d) 25 cm.

31. ¿Qué efecto tienen dedicarse a actividades menos pesadas después de la manipulación de cargas?

a) Incrementan el riesgo de lesiones.
b) Permiten la recuperación fisiológica.
c) Disminuyen la eficiencia laboral.
d) No tienen impacto significativo.

32. ¿Qué situación requiere reducir los pesos recomendados para cargas?

a) Giros del tronco mayores a 60°.
b) Utilizar calzado antideslizante.
c) Transportar cargas en suelos planos.
d) Distancia de carga menor a 1 metro.

Solución al test n.º 11

1. c) La postura correcta al manejar una carga es con la espalda derecha.

2. a) 25 kg.

3. c) Manejo de la carga sin giros ni inclinaciones.

4. d) Evitar la manipulación manual.

5. b) Más de 3 kg.

6. c) Cuanto menor sea la frecuencia de la manipulación.

7. b) Los 35 cm.

8. a) 1 metro.

9. c) 10.000 kg.

10. b) 14 y 25º.

11. a) Doblar las piernas manteniendo en todo momento la espalda derecha, y mantener el mentón metido. No flexionar demasiado las rodillas.

12. c) Agarre regular.

13. a) Hasta 25 cm.

14. c) Dos tercios de la suma de sus capacidades individuales.

15. b) 5 kilos.

16. b) Cualquier operación de transporte o sujeción de una carga por parte de uno o varios trabajadores, como el levantamiento, la colocación, el empuje, la tracción o el desplazamiento, que por sus características o condiciones ergonómicas inadecuadas entrañe riesgos, en particular dorsolumbares, para los trabajadores.

17. d) Las opciones b) y c) son correctas.

18. b) Carga cerca del cuerpo con espalda recta y sin giros.

19. b) Lesiones dorsolumbares, fracturas y cortes.

20. b) Es difícil de sujetar o está mal equilibrada.

21. a) Reducir los riesgos mediante ayudas mecánicas y formación.

22. a) Planificar el levantamiento y usar equipos adecuados.

23. a) Alejar la carga del centro de gravedad del cuerpo.

24. a) 1 metro.

25. d) 6.000 kg.

26. b) Agarre con toda la mano en posición de la muñeca neutral.

27. a) El desplazamiento vertical de la carga.

28. b) Tamaño ancho o superficies resbaladizas.

29. c) Flexionando las piernas y manteniendo la espalda recta.

30. d) 25 cm.

31. b) Permiten la recuperación fisiológica.

32. a) Giros del tronco mayores a 60°.

Cómo acceder al Curso

Conserje de Colegio Público y Conserje de Colegio Público Correturnos
Test del temario

El uso de los códigos **es exclusivo de los compradores de los productos de Editorial MAD**. Cada producto posee un código único y de un solo uso. Es personal e intransferible y da acceso a servicios y contenidos adicionales. Editorial MAD se reserva el derecho de hacer cuantas comprobaciones sean necesarias para identificar al legítimo poseedor del código y dejar de dar servicio a quien haga uso fraudulento del mismo, además de emprender cuantas acciones legales estime oportunas según la legislación vigente.

Deberás acceder a:

mad.es/registro-campus

Si una vez aceptadas las condiciones de uso del Campus decides hacer uso del mismo, necesitarás del siguiente código de acceso junto con los códigos del resto de títulos que se exigen (si fuera el caso):

PDFQ7WJYBI